KB137705

숨의 문화, 숨의 이야기
뉴질랜드 마오리 신화와 민담

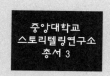

중앙대학교
스토리텔링연구소
총서 3

숨의 문화, 숨의 이야기
뉴질랜드 마오리 신화와 민담

최영진 대표 편역

도서출판 ▌동인

마오리 사람들의 이야기를 찾아서

1.

캬오라Kia ora!

"건강하세요"라는 뜻을 담은 이 말은 마오리 사람들이 누군가를 만나거나 헤어질 때면 서로 이마와 코를 맞대고서 나누는 인사말이다. 이 인사를 내가 처음 경험한 것은 2014년 10월 부산 국제영화제에서 뉴질랜드 영화감독 마이클 베넷Michael Bennett을 만났을 때였다. 그는 내가 아는 한국의 영화감독과 함께 한국전쟁에 참전했던 마오리 병사와 한국인 간호 장교 사이의 사랑 이야기를 영화로 제작하는 작업을 논의하기 위해 한국을 머물고 있던 중이었다. 영화제 포럼행사에 참석하기 위하여 부산에 머물고 있던 나는 우연히 그와 함께한 저녁 모임에서 이 영화 제작의 동기가 된 흥미로운 이야기 하나를 전해 듣게 되었다. 그 이야기를 요약하면 다음과 같다.

1970년대 한국에서 유행하였던 가요 중에 〈연가〉라는 노래가 있다. 한국의 70년대 청년 통기타 문화에서 빼놓을 수 없는 이 노래는 여름날 해변가에서든, 커피숍이나 생맥주 집에서든, 대학교 엠티 모임에서든 청년들이 모이는 어떤 장소에서도 흔하게 들을 수 있는 노래였다. 외국 번안곡으로만 알고 있는 이 노래가 뉴질랜드 마오리족의 전통 민요인 〈포카레카레 아나〉Pokarekare Ana를 우리말로 개작한 노래라는 사실을 알고 있는 한국 사람은 흔하지 않다. 마이클 베넷 감독에 의하면 이 마오리 민요는 로토루아라는 지역의 아름다운 여인 히네모아Hinemoa와 로토루아 호수 중간에 위치한 모코이아 섬에 사는 청년 투타네카이Tutanekai 사이의 아름다운 사랑 이야기를 담은 노래로서 뉴질랜드 사람들이 가장 사랑하는 노래 중 하나라고 한다. 이 민요가 한국에 전해진 것은 1950년대 초반 한국전쟁에 참전한 마오리 병사들을 통해서였다고 한다.

　　〈연가〉를 둘러싼 마오리 민요에 대한 이야기와 더불어 마이클 베넷 감독은 마오리 문화에 대한 여러 이야기를 들려주었다. 그 자신이 마오리족 사람인 베넷 감독은 마오리 문화가 글이 아니라 말에 기초한 구비문화적인 성격을 강하게 띠고 있으며, 말은 부족의 구성원들이 함께 모여 이야기를 나누고 다음 세대로 전승하는 문화적 활동에서 가장 기본적인 수단임을 강조하였다. 말을 통한 이야기의 공유는 조상들의 정신을 숨breath으로 나누는 마오리 문화의 독특한 단면을 잘 드러내 준다고 볼 수 있으며, 사람을 만나거나 헤어질 때 서로의 숨을 나누는 마오리 인사법은 그 숨의 문화를 가장 일상적으로 구현하는 방식이라 할 수 있을 것이다.

　　마이클 베넷 감독과의 만남을 통해 영감을 받아 본격적으로 마오리 민담을 조사하기 위한 프로젝트를 시작하면서 나는 뉴질랜드 소재 오클랜드 대학교의 마오리 사당인 〈테 푸나 와낭가 마라이〉Te Puna Wananga Marae의 책임자인 와라히 파키Warahi Paki 선생님을 한국으로 초대하였다. 그와의 첫 만남에서 나는 이마와 코를 맞대고 "캬오라" 인사를 나누었고, 그 인사가 함축하고 있는 숨의 의미에 더더욱 매료되기 시작하였다. 마오리 문화 및 민담을 주제로 2회에 걸쳐 진행된 와라히 선생님과의 워크숍은 숨의 문화가 마오리 사람들의 정체성과 깊은 연관이 있음을 일깨워 주었다. 그에 의하면, 마오리 문화에 있어서 숨의 공유는 자신의 존재에 대한 확인으로부터 시작된다. 예를 들어, 처음으로 외지의 손님을 맞이하는 환대의식에서 마오리 사람들은 "캬오라" 인사를 통해 이마와 코를 맞대고 숨을 나눔으로써 자신의 존재를 숨을 통해 타인에게 전해주며, 또한 숨을 통해 그 타인의 존재 또한 받아들인다고 한다. 숨은 마오리 사람들에게 있어 자신의 존재를 확인하고 이를 통해 타인의 존재 또한 받아들이는 가장 기본적인 출발점인 것이다.

숨은 마오리 사람들의 이야기에서도 중요한 역할을 한다. 모든 마오리 이야기들은 먼 옛날의 조상으로부터 현재에 이르기까지 구비전승 되어 존재한다. 입에서 입으로 전해진 이 이야기들은 여전히 숨의 영역에서 존재한다. 마오리 사람들은 자신들의 숨을 통해 펼쳐지는 이야기 속에 조상들의 숨이 함께 살아있음을 믿는다. 그 이야기는 발화자가 마오리적 정체성을 확인하는 행위임과 동시에 그 이야기를 자신에게 전해주었던 조상의 숨을 확인하는 행위인 것이다. 따라서 항상 전통 속에서 자신의 존재 가치를 확인하는 마오리 사람들에게 있어서 이야기는 선조들이 물려준 가장 소중한 자산이며, 동시에 자신의 정체성을 재확인하는 거울과도 같은 존재이다.

내가 마오리 사람들의 스토리텔링에 주목하게 된 것은 오랜 세월 동안 그들의 이야기가 전통과 개인을 조화롭게 이어주는 고리로서 확고하게 기능해 왔다는 점이다. 이러한 점에서 볼 때, 신화와 민담을 포함한 마오리 이야기들은 마오리 사람들의 숨을 통해 끊임없이 이어지는 과거와 현재의 대화이다. 그리고 그 대화는 마오리 사람들이 온갖 시련과 역경에도 굴하지 않고 굳건하게 자신의 정체성을 지켜낸 근원적인 힘으로 여전히 살아남아 있다.

2.
마오리 신화와 민담을 우리말로 옮겨 자료집으로 출간하는 것은 여간 어려운 일이 아니었다. 앞서 언급하였듯이, 마오리 신화와 민담에서 가장 중요한 요소는 그 이야기가 수행되는 현장의 문맥이다. 즉, 어떤 사람이 누구를 대상으로 어느 장소에서 어떤 방식으로 이야기를 수행하는 가의 문제가 특정 마오리 민담의 개별적인 가치를 가늠하는 절대적인 요소인 것이다. 사정이 이렇다보니, 워낙 현장적 수행성이 강한 마오리 이야기들을 영어로 옮겨 출판한 선집을 찾는 것은 무척 어려운 일이었다. 그 와중에 찾아낸 한 권의 책이 케이트 맥코시 클라크Kate McCosh Clark 부인이 마오리 사람들로부터 수집하고 영어로 재구성한 『마오리 민담과 전설』Maori Tales and Legends이라는 책으로서, 이 한글 번역서에 실린 이야기들의 원본이다.

이 책을 펴낸 클라크 부인은 1847년 영국에서 태어났으며, 1875년에 오클랜드에서 해운업을 하던 제임스 매코시 클라크와 결혼하면서 뉴질랜드 오클랜드로 이주하였다. 그녀는 남편이 사업에서 여러 번 실패를 겪은 후 1889년에 가족들과 함께 영국으로 돌아갔다. 그녀는 1896년에 이 책을 런

던에서 출판하였으며, 남편과 사별한 이후 1900년에 다시 오클랜드로 돌아와 1926년 죽음을 맞이하기까지 줄곧 그 곳에서 살았다. 그녀는 서문에서 이 책이 오랜 세월 동안 오클랜드에 머물면서 마오리 족 문화를 가깝게 경험한 것의 산물이라 밝히면서, 그녀가 경험한 마오리 사람들은 우아하며 마오리 언어는 은유와 시적 암시로 가득 차 있고 모음에 받침이 붙지 않아 음악적 효과가 뛰어나다고 평가하였다. 하지만 클라크 여사는 마오리 민담들 중 일부에서 묘사된 마오리 부족 간 전쟁 이후의 승전의식을 식인주의로 규정하고, 이러한 식인주의적 행동이 일어난 것은 "쥐보다 더 큰 네발 달린 짐승들이 전혀 없었던 상황에서 여전히 육식을 하고자 하는 열망"에서 비롯된 행위였다고 언급함으로써 마오리 문화를 야만적인 상태의 문명으로 비하하는 입장을 드러내기도 하였다. 그러나 전근대 시대의 모든 전쟁들이 그러하듯이, 정복자는 자신의 승리를 세상에 확고하게 천명하기 위하여 매우 잔혹한 방식의 상징적 의식을 행하여 왔음은 주지의 사실이며, 마오리 부족장이 정복자로서 보인 행동 또한 그러한 상징적 의식의 차원에서 이해해야 할 사안이지, 결코 문명과 야만의 이항대립적인 구도틀에서 야만적 행위로 비하할 성격의 행동은 아니라고 보아야 할 것이다. 마오리 부족 간 전쟁을 둘러싼 의식에 대한 클라크 부인의 이해는 지나치게 서구 문명의 우월주의적 관점으로 치우친 경향이 있음을 알 수 있다. 이러한 부분적인 문제를 제외한다면 이 책에 수록된 마오리 민담들의 영어 번역본들은 마오리 버전을 비교적 충실하게 옮겨 놓았다는 점에서 마오리 민담 자료로서의 가치를 충분히 지니고 있다. 이러한 판단에서 한글판 마오리 민담집에서는 클라크 부인이 영어로 옮겨 놓은 열 네 편의 이야기 중에서 랑이와 파파투아가 등장하는 마오리 창조 신화를 비롯하여 신들에 관한 이야기와 마오리 사람들의 아름다운 사랑 이야기들, 그리고 자연과 문화에 대한 마오리 민담 및 폴리네시아 민담 등을 선별하여 총 열 한 편을 번역하여 수록하였다. 마오리 사람들의 숨결이 살아 있는 이 이야기들과 함께 마오리 사람들의 역사와 문화가 아름답게 새겨진 뉴질랜드 땅으로의 여행을 이제 함께 시작해 보자.

3.
이 책이 출판되기까지 많은 사람들이 도움을 주셨고 관심과 격려를 아끼지 않으셨다.

먼저, 이 책에 수록된 민담들에 대한 번역 및 편집 작업을 함께 진행한 중앙대학교 영어영문학과 대학원의 김종경, 정은지, 이형민 세 학생들에게 큰 감사의 마음을 전한다. BK21 플러스 사업단의 마오리 스토리텔링 프로젝트로 시작한 초기 단계부터 묵묵히 자신의 역할을 수행해준 이 세 학생들의 열정과 노력이 없었더라면 이 번역서는 결코 세상에 나오지 못하였을 것이다. 또한, 마오리 민담 프로젝트의 시작 단계부터 격려와 지원을 아끼지 않으셨던 영어영문학과 BK사업단 단장이신 신동일 교수님과 스토리텔링 연구소장이신 조숙희 교수님께 심심한 감사의 마음을 전한다. 마오리 민담 서울 워크숍과 오클랜드 워크숍을 잘 관리해준 BK사업단의 김무선 선생님께도 감사드린다. 아울러 본 연구소 스토리텔링 총서 기획의 취지를 이해하시고 흔쾌히 출판을 허락해 주신 도서출판 동인의 이성모 사장님과, 원고 편집에 수고를 아끼지 않으신 편집진에게도 깊이 감사드린다.

서울 워크숍 초청에 기꺼이 응해주시고, 오클랜드 워크숍을 관장해 주신 오클랜드 대학교 테 푸나 와낭가 마라이 사당의 와라히 파키 선생님께도 감사의 마음을 전한다. 그가 불어넣어준 마오리 문화에 대한 영감은 앞으로 사업단에서 발전시켜나갈 마오리 민담 및 문화 연구에 큰 밑거름이 될 것이라 믿는다. 오클랜드 워크숍에서 마오리 역사와 문화에 대한 좋은 강연을 해주신 오클랜드 대학교의 하레 윌리엄스Haare Williams 교수님께도 큰 감사의 마음을 전한다.

끝으로 마오리 민담 프로젝트의 초기 단계에서부터 큰 관심을 보여주신 주한 뉴질랜드 대사관의 존 라일리John Riley 차석(부대사)님과 이온누리 선생님께 깊이 감사드린다. 라일리 차석님의 큰 열정과 관심, 그리고 지속적인 자문과 조언 덕택으로 이 책은 균형과 조화를 이룬 훌륭한 마오리 민담집 한국어 버전으로 다시 태어날 수 있었다. 차석님의 바람처럼 이 책이 향후 한국 문화와 마오리 문화가 서로 소통하여 새로운 문화적 에너지를 만들어낼 수 있는 하나의 작은 단초가 될 수 있기를 소망해 본다.

캬오라!

대표 편역자 최영진

차 례

랑이와 파파투아,
하늘과 땅

옛날 옛적, 하늘의 신 랑이Rangi와 땅의 여신 파파투아Papatua는 서로 무척 사랑하는 사이였어요. 둘은 항상 가까이 있어 서로 떨어지려 하지 않았기에, 하늘과 땅은 너무 가까웠고 흐릿한 땅거미만이 둘 사이에 가득했어요. 숲 속의 어떤 나무들도 우람하게 자랄 수 없었으며 생기 가득한 꽃도 필 수 없었어요. 키가 작고 연약한 덩굴 식물들만이 땅을 뒤덮고 있었어요. 몇몇 작은 관목들은 더 높이 자라기 위해 수많은 가지를 위로 내뻗고 있었어요. 하지만 잎사귀는 위로 뻗지 못했고 하늘은 잎사귀들을 육중하게 누르고 있었어요. 물은 맑지 않았고 탁한 붉은 색을 띠고 있었어요. 물을 정화시켜줄 빛이 전혀 없었기 때문이었죠. 랑이와 파파투아 사이에서 태어난 아들들을 제외하고는 지상에 그 누구도 살지 않았어요. 이 아들들은 몸집이 커지면서 더 많은 공간이 필요하다며 투덜대기 시작했고 더 많은 빛을 애타게 원했어요. 그들은 아버지 랑이가 두 팔을 들어 올렸을 때 잠깐이나마 온전한 빛을 한 번 보았어요. 그들은 랑이에게 더 높이 하늘로 몸을 치켜 올려 자신들에게 더 많은 공간을 만들어달라고 간절히 기도했어요. 하지만 랑이는 아들들의 청을 받아들이지 않고 사랑하는 아내 파파투아 곁을 떠나지 않겠노라고 말했어요. 아이들은 몹시 화를 내면서 자신들의 기도가 전혀 소용없었다는 것을 깨닫고 앞으로 어떻게 해야 할지를 서로 이야기하기 시작했어요. 전쟁의 시조이자 잔인한 성격을 가진 아들 투Tu[1]는 부모님을 없애버리자고 말했어요. 랑이와 파파투아에게 무심했던 투의 말에 다른 아들들은 찬성하지 않았지만, 바람의 시조였던 또 다른 아들 타위리Tawhiri[2]만 빼고서 다른 아이들은 모두 자신들의 힘으로 두 사람을 떼어놓자고 말했어요. 타위리는 랑이와 파파투아가 서로 떨어져 있는 낮 동안 모든 빛이 어머니 파파투아에게 쏟아지게 되면 그녀가 너무 아름다워질까 봐 두려워했어요. 타위리는 파파투아가 자신의 어머니이긴 하지만 그녀의 아름다움을 시샘하고 있었기에 부모님이 서로 떨어지는 것을 원하지 않았어요. 하

---

[1] 마오리 신화에서 투는 랑이와 파파투아의 아들이자, 전쟁, 사냥, 식량 재배, 낚시, 그리고 요리를 관장하는 신이다.

[2] 마오리 신화에서 타위리는 랑이와 파파투아의 아들이자 날씨를 관장하는 신으로, 랑이와 파파투아를 떨어뜨려놓자는 형제들의 의견에 반대해 그들과 싸움을 벌인다.

지만 빛의 신이자 숲의 시조인 또 다른 아들 타네Tāne[3]의 생각은 달랐어요. 그는 자신이 만든 숲들의 나무들이 머리를 들고 자랄 수 있을지 걱정하고 있었기에 타위리의 반대에도 불구하고 이렇게 말했어요.

"그렇다면 우리가 한 명씩 아버지를 우리 위로 밀어내자. 그러면 햇빛이 우리 모두에게 쏟아질 거야."

타위리는 타네의 말에 훨씬 더 설득력이 있었기에 감히 그의 말을 반대할 수 없었어요. 그래서 아들들은 차례로 랑이와 파파투아를 떼어 놓으려고 애를 썼어요. 그러나 그들은 서로에게 너무 단단히 붙어있어서 조금이라도 그들을 떼어놓으려면 엄청난 노력이 필요했어요. 그들은 랑이를 조금이나마 위로 밀어 올렸지만, 그가 너무 무거워서 하늘 멀리 밀어내지 못하고 가까운 산의 꼭대기에 그를 얹어두고 말았어요. 이 산 꼭대기는 랑이가 편안히 쉴 수 있는 곳이 아니었어요. 그는 아들들의 무정한 행동에 화가 나서 그들을 엄하게 꾸짖었어요. 마침내 타네가 다른 형제들에게 말했어요.

"내가 우리 중에서 힘이 제일 세니까 아버지를 더 높이 차 올릴게. 하지만 파파투아는 우리가 가까이에서 모셔야 할 거야. 우리를 보살펴 주는 어머니이시잖아? 우리는 영원히 파파투아의 사랑이 필요해."

그러자 파파투아는 큰 소리로 울부짖었어요.

"여보, 당신과 함께 가겠어요."

그리고 파파투아는 타네에게 자기도 함께 차 올려달라고 애원했어

---

3 마오리 신화에서 타네는 랑이와 파파투아의 아들이자 숲들과 새들의 신이다.

요. 타네는 이 말을 듣지 않고 땅에 드러누워 버렸고 파파투아는 움직일 수 없었어요. 이윽고 타네는 무릎을 구부리고 두 발로 랑이를 떠받치고 엄청난 힘으로 하늘 높이 차 올렸어요. 그 이후 랑이는 하늘 높은 곳에 머무르게 되었어요.

그러나 랑이와 파파투아가 아들들의 가혹한 행동으로 이렇게 헤어지게 되었을 때, 이들의 울음과 신음 소리가 사람들을 슬프게 만들었고 타위리는 랑이를 따라 하늘로 올라가 아버지와 함께 머물렀어요.

온 빛이 파파투아를 비췄을 때, 파파투아의 많은 아이들은 그들이 있던 곳에서 서서히 움직일 수 있었고, 덩굴 식물과 관목들은 쑥쑥 자라기 시작했어요. 타위리는 가끔씩 자신의 아이들과 함께 땅으로 내려와 그의 형제인 타네와 그의 식구들을 공격했어요. 그러자 타네는 자신의 아이들 중 몇몇을 물고기와 새로 둔갑시켰고, 땅은 자신의 품 안에 그들을 숨겨주었어요. 하지만 타위리와 그의 아이들은 그들을 찾아내 먹어버렸어요. 그 뒤로 사람들은 전쟁에서 잔인하게 적을 죽일 때, "신들이 이렇게 하라고 가르쳐주지 않았던가?"라고 말하게 되었죠.

그리고 빛의 신이자 강한 힘을 지닌 타네는 꽃, 무럭무럭 자라는 관목, 명금鳴禽, 나비, 그리고 그 밖의 많은 아름다운 생명들로 땅의 신 파파투아를 아름답고 풍성하게 만들었어요. 그리고 타네는 튼튼한 나무들도 많이 심었어요. 타네가 처음 심었던 나무들은 사람의 모습이었는데, 그는 이 나무들을 뒤집어 줄기가 땅을 향하고 뿌리는 하늘을 향하게 만들었어요. 그러자 나무들이 몹시 이상해 보였고 자랄 수도 없을 것 같아서 타네는 이 방법이 틀렸다는 것을 알게 되었어요. 타네가 나무들을 다시 본래 모습으로 돌려 심으니 나무들은 크고 튼튼해졌으며 잎사귀도 풍성하게 자랐지요. 이렇게 타네가 파파투아를 아름답게 꾸며주는 옷과 같은 숲을 많이 만들었더니, 파파투아가 비록 남편을 그리워하며 비통한 슬픔에 잠겨 있었지만 그 모습만은 더욱 더 아름다워졌어요. 하늘에 머물던 파파투아의 아이들 중 여럿은 거친 바람, 허리케인, 우박을 사용하여 파파투아의 숲과 들판에 상처를 입혔지만, 온순한 몇몇 다른 아이들은 그녀를 다정하게 대했고 더욱 더 아름답게 만들어주었지요.

이제 어머니를 위해 할 수 있는 모든 일을 한 타네는 자신이 저 멀리 차 올려버린 아버지 랑이를 올려다보았어요. 타네는 옷을 잘 갖춰 입지 못한 아버지에게 너무 미안한 마음이 들어 이렇게 중얼거렸어요.

"불쌍한 아버지! 아버지를 저렇게 높이 차 올리고 싶지는 않았어. 아버지가 지금 저 위에서 외로워 보이는구나."

타네는 아버지 랑이가 긴 한숨을 쉬며 사랑하는 아내 파파투아를 향해 아래로 팔을 뻗는 모습을 보고, 수평선에서 두 사람이 서로 만날 수 있게 할 수는 없는지 생각했어요. 파파투아가 랑이의 허름한 옷차림 때문에 몹시 슬퍼하는 모습을 본 타네는 파파투아에게 말했어요.

"제가 아버지를 더 아름답게 만들고 더 잘 입혀 드리겠어요."

그래서 타네가 붉은 색의 신성한 옷 라후이쿠라Rahuikura를 가지고 와서 그것을 랑이에게 단단히 매어주자 랑이는 빛이 머무는 시간 동안 위엄으로 화사하게 빛났어요. 타네는 별들을 만든 도깨비가 사는 먼 곳으로 가 이렇게 말했어요.

"네가 별이라고 불리는 빛나는 것들을 가지고 있다면 내가 그것들로 우리 아버지 랑이를 꾸며드릴 수 있게 내놓아라."

그러자 도깨비는 대답했어요.

"만약 당신이 가서 그것들을 가져간다면 몇 개를 가져갈 수 있겠지만 그곳까지 가는 길은 멀고도 어렵소."

타네는 단호하게 답했어요.

"별들이 너무너무 아름다워서 내 심장이 기쁨으로 고동치기 때문에 나는 가겠다."

이 말에 도깨비는 이렇게 대답했어요.

"당신이 별을 찾을 그곳은 '밤의 틈'과 '낮의 틈'이라고 불리는 가장 먼 산봉우리들 너머에 있소. 거기에 가려면, 당신의 아버지가 삐죽삐죽한 산 정상에 있는 동안 입은 상처를 꿰매기 위해 갔던 그 길을 따라가야 하오."

타네는 힘이 세고 강하고 두려움이 없었기에 그 길을 가겠노라고 말했어요. 타네가 멀리 떨어진 별의 땅에 도착했을 때, 그는 엄청난 빛에 눈이 부셔 앞을 볼 수 없었어요. 하지만 그는 가장 아름다운 별들을 모아서 돌아왔지요. 낮 동안 가득한 빛으로 인해 랑이가 별들을 잘 볼 수 없었지만, 밤에는 타네가 주름마다 크고 작은 수많은 별들을 수놓은 어두운 망토 덕분에 아름다운 풍경을 볼 수 있었지요. 별들이 빛나는 그 풍경이 너무 멋져서 타네도 매우 기뻤어요. 그리고 타네는 밤낮으로 랑이가 사랑하는 아내를 볼 수 있도록 해와 달을 랑이의 양쪽 눈가에 놓아두었어요. 그러자 파파투아도 타네가 한 일을 기뻐했고 타네와 별들을 위해 듣기 좋은 노래를 불렀어요. 하지만 남편을 생각하면 늘 행복한 것은 아니었어요. 그래서 어느 날 파파투아는 타네에게 말했어요.

"난 너희 아버지가 굴러 떨어져 다칠까 겁이 난단다. 그이는 저렇게 높은 곳에 있는 것에 익숙하지 않고 내 팔이 그를 안을 만큼 길지도 않아."

"아버지가 넘어지지 않게 제가 받칠게요, 어머니."

타네가 이렇게 말하며 강력한 구름들을 랑이의 주변과 아래에 가져다 둔 덕분에 랑이는 떨어지지 않고 하늘에 계속 머물 수 있었어요.

그래도 마음이 편하지 않은 파파투아는 이렇게 말했어요.

"타네야, 너희 아버지가 하늘 높이 너무 멀리 있구나. 더 가까이 오게 해줄 수 없겠니?"

그러자 타네는 어머니의 슬픔에 대한 미안한 마음으로 이렇게 말했어요.

"제가 아버지를 아주 세게 차올릴 때 생겨난 공간이기에 그 곳이 텅 비어 있는 것은 저도 어쩔 수 없어요. 어머니."

하지만 땅 위의 모든 존재들은 타네가 만들어놓은 광경을 보고 큰 소리로 갈채를 보내며 이렇게 노래했어요.

지금 랑이와 파파투아는 떨어져 있다네.
울려 퍼지는 노래를 불러라.
울려 퍼지는 노래를 불러라.
이제 빛은 크고 강하다네.
그들은 영원히 떨어져 있다네.

그리고 슬픔 가득한 랑이와 파파투아가 짧은 노래를 했어요.

우리는 영원히 떨어져 있다네,

우리는 영원히 떨어져 있다네!
하지만 우리는 영원히 사랑할 것이라네!

하지만 지하세계에 사는 늙은 마녀는 랑이와 파파투아 사이에서 나쁜 일이 생기기를 간절히 바라며 앙칼진 목소리로 이렇게 노래했지요.

오 그 신들이 지독한 마법에 걸리게 하소서!
그리고 서로를 싫어하는 마음으로 서로 살아 있는 날들을 채우게 하소서.
그들을 홍수로, 태양과 바다로 에워싸소서.
그들의 사랑과 후회가 증오가 되게 하소서.
과거에 그들이 품었던 사랑도 애정도 다시는 자라지 않게 하소서.

그러나 마녀의 사악한 주문은 랑이와 파파투아의 강한 사랑에 맞서 어떤 힘도 낼 수 없었어요. 랑이는 구슬프게 울며 파파투아에게 말했어요.
"여보 당신은 내 아래 멀리 있어야만 하지만, 이것은 당신에 대한 나의 영원한 사랑의 징표일 거예요. 눈에 가득 찬 내 눈물이 이따금씩 그대에게 떨어지겠지만 그 눈물이 당신을 더욱 아름답게 만들 테니까."
정말 그러하지요. 빗방울은 땅을 아름답게 만드는 하늘의 눈물이 아니던가요?
랑이는 다시 말했어요.
"나의 오래된 아내여, 그대는 지금 머무는 곳에 있어야만 해요. 겨울이 오면 나는 차가운 숨결로 그대를 생각하며 한숨짓겠어요. 그러나 나의 한숨은 그대를 더욱 더 아름답게 만들 거예요."

정말 그러하지요. 흰 서리와 눈은 하늘이 내쉬는 겨울의 한숨이 아니던가요?

랑이가 다시 말했어요.

"그리고 열기가 맹렬히 타오르는 여름이 오면, 그대를 위하여 나는 슬퍼하겠어요. 그러면 나의 슬픈 노래는 그대를 비옥하고 더욱 더 아름답게 만들 거예요."

정말 그러하지요. 이것은 하늘이 땅을 축복하는 이슬이니까요.

그리고 랑이의 두 눈인 태양과 달의 빛은 그의 사랑하는 아내인 파파투아를 밤낮으로 바라보는 랑이의 영원한 사랑이 아닐까요.

랑이의 말에 파파투아는 이렇게 화답했어요.

"오 여보, 당신의 눈물, 당신의 한숨, 당신의 슬픈 노래는 진실로 내게 축복을 내릴 거예요. 그리고 당신의 사랑의 힘을 통해 그것들은 심지어 부드러운 구름의 모습이 되더라도 당신에게 돌아갈 거예요. 그 구름들은 당신에 대한 나의 큰 사랑을 전하는 더욱 충직한 전령傳令일 거예요."

정말 그러하지요. 비, 서리, 눈, 그리고 이슬은 땅에 고마운 것으로 영원히 떨어지고 부드러운 구름은 높이 높이 하늘로 올라가니까요.

그러니 자식들로 인해 서로 떨어져 살지만, 하늘인 랑이와 땅인 파파투아는 그들의 사랑과 노력으로 영원히 하나이지요.

영원히!

2

마우이,
태평양의 헤라클레스

I

옛날 옛적 어느 어두운 여름 밤, 남십자성의 반짝이는 별들이 둥둥 떠가는 구름에 가려져 있을 때, 거무스름한 피부와 햇빛 찬란한 땅의 검은 눈을 가진 한 여인이 바다 연안 가까이 서 있었어요. 그녀는 갓 태어난 아기를 자신의 머리 타래로 감아 안고 있었는데, 그 머리 타래는 흑요암으로 만든 칼로 방금 그녀가 잘라낸 것이었어요. 아기가 울기 시작했지만 매정하게도 그녀는 아기를 번쩍 들어 올려 파도 위로 내던졌어요. 그리고 그녀는 돌아서서, 바닷가 근처의 협곡에 있는 나무고사리 아래쪽에 있는 집으로 돌아갔어요. 이 여인의 이름은 타랑아Taranga[4]였고 이렇게 무정한 어미에게 버림받은 아기의 이름은 마우이Māui[5]였어요. 그녀는 이미 네 명의 아들이 있었고 이제 막 세상에 나온 다섯째 아들은 키우려 하지 않았어요.

이때 파도가 마우이를 불쌍히 여겨 두꺼운 해초를 요람 삼아 부드럽게 감싸 안았고, 미풍이 은은한 자장가를 부르는 동안 마우이가 잠들도록 흔들어주었어요. 그때 산 높은 곳에 있던 허리케인과 돌풍이 바다에서 일어나는 일을 보았고, 넓은 바다 위에 있는 외로운 아기를 불쌍히 여겨, 해변으로 향하는 큰 파도를 일으켰어요. 해변에서 그들은 부드러운 해파리로 침대를 만들어 마우이를 눕혔지요. 수많은 파리들이 마우이 주변에 몰려 윙윙거렸는데, 마우이에게 해를 입힐지도 모를 다른 벌레들은 이 파리들이 무서워 가까이 오지 못했어요. 하지만 파리들이 해가 뜰 무렵 해변에 누워 있는 아기를 본 사나운 새들까지 쫓아버릴 수는 없었어요. 만약 하늘을 지배하는 신 랑이가 산정상의 신들에게 마우이를 하늘로 데리고 오라고 명령하지 않았다면, 이 새들이 마우이를 갈기갈기 찢어버렸을 테죠.

땅에서 태어난 어린 소년 마우이는 이렇게 신들에 의해 목숨을 건졌고 하늘에서 자랐답니다. 그곳에서 그는 많은 것을 배워 인간이 가질

---

4 타랑아는 저승을 지키는 마케아투타라(Makeatutara)의 아내이자 마우이의 어머니이다.
5 피와 머리카락을 미끼로 쓴 마법의 낚싯줄을 사용해 바다에서 뉴질랜드의 북섬을 끌어올린 마오리 부족의 신으로 여겨지고 있다.

수 있는 것 이상의 힘을 얻을 수 있었어요.

아는 것은 많았지만 마우이의 모습이 멋지지는 않았어요. 한쪽 눈은 밝은 갈색 장어의 색깔을 띠고 있었고 다른 한쪽은 밝은 초록 옥빛을 띠고 있었어요. 하지만 그는 굉장히 힘이 세고 활동적이었고, 전통적인 방식으로 수많은 평행선을 새겨 넣은 문신을 하고 있었어요. 성인이 된 마우이는 하늘에서 보내는 자신의 삶에 만족할 수 없었어요. 그곳에는 같이 놀고 일할 또래들이 없었지요. 그래서 신들에게 이렇게 말했어요.

"제 아버지와 어머니가 누군지 말해주세요. 저는 신의 자손이 아닙니다. 아니면 저도 신이 되었겠지요."

그래서 신들은 마우이에게 부모가 누구이며 어머니가 마우이를 바다에 내던졌던 일, 그리고 땅에 네 명의 형제와 한 명의 여자 형제가 있다는 것을 얘기해주었어요. 그러자 마우이는 인간들의 세상으로 내려가 그 곳에 대해 알고 싶다고 말했어요. 신들은 그렇게 해도 좋다고 허락했고 하늘에서 배운 모든 것을 땅에 사는 사람들에게 가르쳐주어도 된다고 말했어요.

그래서 마우이는 바람의 날개를 타고 땅으로 내려왔어요. 그가 내려온 곳에서는 마우이의 형제들이 모래 위에서 니티Niti[6]를 하고 있었어요. 마우이는 고사리 줄기 하나를 가져왔고 그들이 했던 것처럼 아마로

---

[6] 남녀노소가 모두 즐긴 마오리 전통놀이. 고사리 줄기를 엮어 만든 화살을 바닥에 쌓인 흙더미를 향해 던지는 놀이로서, 흙더미의 맨 윗부분을 스치듯 날아가 가장 먼 지점에 도달한 화살을 던진 사람이 승리한다.

만든 공을 감았어요. 그리고 자기도 같이 할 수 있는지 물어보았어요. 소년들은 그가 원하면 같이 할 수 있다고 대답했어요. 그들은 마우이가 자신들의 형제인줄 몰랐고 서로 수군거렸어요.

"저 녀석은 어디에서 왔길래 니티를 모르는지 궁금하네. 만약 저 녀석이 이제까지 니티를 해본 적이 없다면 우리가 녀석을 놀려주자."

그렇게 한 사람씩 교대로 자기 줄기를 땅의 표면을 따라 던졌어요. 그래서 누가 던진 줄기가 가장 멀리 그리고 가장 잘 땅을 스치듯 지나 갔는지 살펴보았어요. 그들은 니티를 하면서 마우이가 줄기를 던질 사람을 나이 많은 순서대로 부르는 것을 보고 깜짝 놀랐어요. 그리고 마우이는 맨 마지막에 자신의 이름을 "마우이, 타랑아의 아이"라고 불렀어요. 그들은 화를 냈어요.

"우리는 너에 대해 아무것도 몰라, 넌 우리 형제가 아니야."

"나는 여러분의 형제가 맞아요. 나는 바다에 던져졌던 여러분의 가장 어린 동생이에요."

"너는 우리 형제가 아니야. 그리고 우리 어머니를 불러 너를 쫓아 버리라고 이야기 할 거야."

그들은 다시 화를 내며 말했어요. 그들이 이렇게 말했을 때 어머니를 만날 수 있다는 생각에 마우이는 반가웠어요. 이윽고 타랑아가 와서 아이들의 이야기를 듣고선 마우이에게 이렇게 말했어요.

"여기에 너를 빼고 네 명의 사내아이들이 있다. 그러니 너는 내 아이가 아니야. 당장 사라져버려."

타랑아는 마우이를 제외한 아들들을 돌아보며 그들에게 하카춤 Haka[7]을 연습하라고 했고 그 낯선 아이에게는 전혀 관심을 보이지 않았어요. 하지만 그들이 춤을 출 대형으로 섰을 때, 마우이는 그들과 함께 하려고 앞으로 나섰어요. 이러한 마우이의 행동에 타랑아는 화가 나서 말했어요.

"너는 내 아이가 아니니 가거라. 그리고 나는 너와 관계가 있을만 한 게 하나도 없어."

하지만 마우이가 말했어요.

"제가 막내예요. 제가 어릴 때 어머니가 저를 바다에 던져버렸었 죠."

마우이가 어떻게 신들에 의해서 죽지 않고 살아나 하늘로 올라가 게 되었는지를 그들에게 이야기했을 때, 타랑아는 어리둥절해하며 그를 쳐다보았어요. 마우이가 자신에게 벌어졌던 기이한 이야기를 모두 전하 자, 타랑아는 마우이가 정말 자신의 아들이라는 것을 알고 반가워했어 요. 그녀는 마우이를 바다에 던진 것에 대해서 자주 미안한 마음이 들 었기 때문이에요. 타랑아는 기뻐하며 말했어요.

"진정 네가 우리 막내 마우이가 맞구나. 오늘은 내가 깔아 둔 매트 위에서 같이 자자꾸나. 이리 오너라. 이렇게 반가우니 코를 오랫동안 비벼보자."

그러자 다른 아들들이 화를 냈어요.

"그동안 어머니는 한 번도 우리와 같은 매트 위에서 같이 자고 싶

---

7 마오리 사람들이 전쟁에서 자신들의 강인함을 보여주기 위하여 춘 전통 춤으로, 마오리족의 정 신이 깃든 마오리를 상징하는 춤이다. 이 춤은 허리를 펴고 무릎을 굽힌 상태에서 죽음을 뜻하 는 카마테(Ka mate)를 두 번 이어 외치면서 자신의 장딴지를 손바닥으로 치며 시작된다.

어 하지도, 코를 오랫동안 비비고 싶어 하지도 않았는데. 어째서 저런 녀석을 다르게 대하는 거지?"

그리고 그들은 마우이를 시기했어요. 그러나 마우이가 자기들이 모르는 것들, 예를 들면 장어를 잡는 더 좋은 통을 만드는 법, 가시가 있는 창을 만드는 법, 그리고 낚시 바늘을 더 좋게 만들 수 있는 법 등을 가르쳐줄 수 있다는 것을 알고 나서부터 마우이를 좋아하기 시작했어요. 그리고 그들이 제일 좋아하는 식물의 뿌리인 쿠마라Kumara[8]를 들판에 심을 때가 되었을 때, 마우이는 그들에게 위대한 이오Io[9] 신의 축복이 곡물에 내리기를 바라는 노래를 가르쳐주었어요.

내 영혼이 당신을 갈망합니다.
나의 적을 격퇴해주소서,
오 인간의 신-
　　　　　　　　이오여!

하! 이렇게 내 작물을 심습니다.
그대의 자애로운 작물을 내려 보내주소서,
그리고 그것들이 자라게 하소서,
오 인간의 신-
　　　　　　　　이오여!

---

8 쿠마라는 뉴질랜드 식물들 중 고구마에 해당한다.
9 마오리 부족의 하느님(the Supreme Being)에 해당하는 신이다.

소금 바람이

이 들판을, 망치지 않게 하소서,

오 인간의 신−

이오여!

오 구름을 이 언덕으로 내려오게 하소서,

바람을 한가운데 그리고 천둥이 크게 치게 하소서,

하, 여기 나의 제물을 가져왔습니다!

하, 이렇게 나의 성가를 노래합니다!

이렇게 당신을 숭배합니다.

오 인간의 신−

이오여!

마우이가 힘이 세고 지혜롭기 때문에 부족의 다른 모든 사내들이 마우이를 두려워했어요. 마우이보다 더 영악하고 재주가 뛰어난 자를 찾기란 어려웠죠.

어느 날 마우이와 형들이 숨바꼭질을 하고 있을 때, 여동생 히나 Hina[10]가 나뭇잎 더미 아래에 마우이를 숨겼는데 형들은 결국 마우이를 못 찾았어요. 마지막에 히나가 "마우이는 나뭇잎 더미 아래에 있지."라고 했어요. 그러나 그들이 나뭇잎 더미를 뒤집어보니 마우이가 없었어요. 자기 손으로 마우이를 꼼꼼하게 덮었던 히나는 깜짝 놀랐어요. 히

---

[10] 달을 여성으로 형성화한 인물이다.

나와 다른 형제들이 어리둥절해 하며 서 있었을 때, 마우이가 갑자기 바로 그 나뭇잎 더미 한가운데에서 나타났어요. 이때 형제들은 처음으로 마우이가 분명히 신의 힘을 가지고 있다는 것을 알게 되었고, 그 후로 마우이가 고사리 줄기를 창으로 삼아 창던지기, 연날리기, 실뜨기 등 부족들이 했던 놀이에서 뛰어난 실력을 발휘하더라도 전혀 놀라지 않았어요.

이제 마우이는 어머니의 오두막에서 지냈어요. 그는 어머니가 해가 뜰 무렵마다 어딘가로 가서 저녁까지 좀체 돌아오지 않는다는 것을 알고 어머니가 어디를 가는지 궁금해 했어요. 어머니가 아무 말도 해주지 않아서 마우이는 자기가 이제 어느 정도 나이가 됐으니 어머니를 몰래 따라가서 매일 어디를 다녀오시는지 알아내야겠다고 생각했어요. 마우이가 형들에게 어머니가 어디 가시는지 알고 있는지 물어보자, 형들은 대답했어요.

"몰라, 관심 없어. 어머니가 북쪽으로 가시든 남쪽으로 가시든 우리한테는 똑같아."

"난 관심 있는데." 마우이가 말했어요.

"난 어머니를 사랑하니까. 그리고 나는 하루 종일 어머니가 혼자 어디 가시는 걸 좋아하지 않아. 어쩌면 어머니에게 안 좋은 일이 생길지도 몰라. 어쩌면 불이 있는 곳에 가시는지 몰라. 왜냐하면 가끔 어머니가 가지고 오시는 음식은 요리가 되어있으니까. 어쩌면 불을 만드는 비밀의 장소에 가시는지도 모르겠고. 난 그걸 알아보고 싶어. 하지만 형들이 나보다 나이도 많으니 형들도 어머니를 따라가야지."

"우리는 어머니를 안 따라가. 우리가 굳이 왜 부담을 져야 해? 어머니는 우리를 먹여 살리지 않고 우리는 아버지를 본 적도 없고 아버지가 어디 있는지도 몰라. 우리에게 먹을 것을 주는 대지의 어머니 파파투아에게 가벼운 비를 내려주시는 것은 하늘의 아버지 랑이야. 우리에게는 이들이 최고의 아버지이고 어머니이셔. 우린 다른 부모를 원하지 않아."

"하지만 형들이 땅에서 나는 음식을 먹기 전에 어머니가 우리에게 젖을 먹이며 돌봐주셨잖아. 그러니 어머니를 사랑해야. 아아! 난 어머니의 젖을 한 번도 못 물어봤지만 어머니를 사랑해."

마우이의 형들은 마우이의 말을 듣고 깜짝 놀라 말했어요.

"우리는 너처럼 생각하지 않아."

마우이는 말을 이어갔어요.

"어머니에 대한 내 사랑 때문에 난 어머니가 매일 가시는 곳을 몰래 따라가서 어머니가 그 곳에서 행복하신지 아닌지를 알아봐야겠어. 그렇게 하면 어머니가 외출하시는 것에 대해 내가 안심할 수 있게 될지도 몰라. 어쩌면 어머니는 우리 아버지를 찾아가시는 건지도 몰라. 하지만 이 길에 어떤 위험이 도사리고 있을 수도 있겠지. 그리고 알지 못하는 곳으로 떠나는 이 여행에서 내가 못 돌아올 수도 있겠지."

형들이 답했어요.

"네가 왜 두려워하는지 우린 모르겠다. 너는 네가 사랑하는 사람들을 찾아갈 뿐이잖아. 그리고 여행에서 무사히 돌아오면 너는 대단한 일을 해낸 셈이 될 거야. 그러면 모두가 너를 우러러보겠지. 그러니 가거라. 신들이 너를 사랑하고 있잖아."

형들이 함께 가지 않을 것을 알고서 마우이는 혼자 어머니를 따라

가기로 결심했어요. 그래서 어머니가 잠들어 있던 어느 날 밤, 마우이는 자기가 일어나기 전에 어머니가 출발하지 못하게 하려고 어머니의 속옷과 매트를 챙겨 숨겼지요. 그는 어머니가 햇빛에 일어나지 못하게 하려고 햇빛이 들어올 수 있는 창문과 모든 구멍들을 막았어요. 타랑아가 눈을 떴을 때, 아침이었어요. 하지만 다른 사람들은 여전히 곤히 자고 있었지요. 그녀는 "어두운 밤이 왜 이렇게 길지?"라고 말하며 다시 잠을 청했어요. 타랑아가 다시 잠에게 깼을 때 그녀는 여전히 어두운 것을 알고 벌떡 일어나 막힌 창문을 열고 밝은 낮이 된 것을 보았어요. 그리고 주변을 둘러보았지만 자신의 매트를 찾을 수 없자 다급히 오래된 매트를 챙겨 두르고는 소리를 지르며 달려나갔어요.

　　"얘들아, 왜 나한테 이런 짓을 했니?"

　　이윽고 마우이는 어머니를 뒤쫓아 가기 위해 일어났어요. 어머니는 집에서 어느 정도 떨어진 협곡으로 내려가 두 개의 큰 검은 바위 앞에 멈췄어요. 마우이는 옆에 있던 긴 고사리 나무 뒤에 숨어 어머니를 지켜봤어요. 어머니가 북쪽을 보며 이런 노래를 부르는 것을 들었어요.

　　밤의 구름들이 새벽에 헤어질 때
　　오 떨어져 있는 웅장한 바위들에 구멍이 나소서!
　　그대 땅의 어두운 깊은 곳에 있도록 명령 받은
　　사나운 영령들이여, 영혼의 땅으로 가는
　　내 길을 막지 마소서. 내가 이렇게 노래하는 동안
　　그대의 입구들은 넓게 열려있을 것이다.

　　그러자 바위들이 갈라지고 타랑아가 바위 틈 속으로 사라지자 그

틈이 조용히 다시 닫혔어요. 마우이는 어머니가 했던 노래를 기억하기 위해 혼자서 여러 번 되풀이했어요. 자기가 본 것을 형들에게 알려주기 위해 달려 돌아왔어요.

"왜 어머니를 안 따라갔니? 네가 가진 지식의 힘을 믿고 어서 가거라. 신들이 너를 사랑하잖아."

"그럼 난 비둘기로 변신할거야. 그러면 어머니는 나를 보고 화내지 않고 감탄하실 거야."

마우이는 가끔씩 저녁에 어머니와 형들을 재미있게 해주려고 여러 가지 새들로 변신했었기 때문에 이렇게 말을 했어요. 마우이는 강아지 꼬리털로 만든 술이 달린 어머니의 초록색 앞치마와 검정 속옷을 입고서 비둘기로 변신했어요. 이 초록색 앞치마는 새의 가슴에 사랑스러운 색을 만들어주었고 검정 속옷은 비둘기의 목에 둘러진 밴드가 되었어요. 어머니는 비둘기로 변신한 마우이를 보았을 때마다 이렇게 외쳤어요.

"마우이 정말로 아름답구나. 네가 나무의 초록잎사귀들 사이에 앉아서 부드럽게 구구 거리며 노래하면 모든 사람들은 너를 사랑하게 될 거야."

새벽의 첫 번째 빛들이 밤의 그늘을 쫓아낼 때, 마우이는 음산하고 기이한 빛이 어른거리는 두 개의 바위가 서있는 곳으로 갔어요. 그는 얼굴을 북쪽으로 돌리고, 어머니가 했던 노래를 분명하게 따라 했어요.

밤의 구름들이 새벽에 헤어질 때
오 떨어져 있는 웅장한 바위들에 구멍이 나소서!

그대 땅의 어두운 깊은 곳에 있도록 명령 받은
사나운 영령들이여, 영혼의 땅으로 가는
내 길을 막지 마소서. 내가 이렇게 노래하는 동안
그대의 입구들은 넓게 열려있을 것이다.

그러자 두 개의 바위가 어두운 깊은 구멍을 드러내며 산산 조각나 흩어졌는데, 흉측한 얼굴과 불꽃의 혀를 가진 두 험악한 정령들이 그 구멍을 지키고 있었어요. 이들은 처음 보는 인간의 모습에 거친 숨을 내쉬며 이를 갈았고 커다란 집게발처럼 생긴 손가락을 허공에 휘둘러댔어요. 그러나 이들이 마우이에게 달려들었을 때, 마우이는 잽싸게 비둘기로 변신해서 바위 틈 아래로 날아갔어요. 정령 중 하나가 마우이가 지나갈 때 꼬리를 잡았지만, 깃털 몇 개만 뽑았을 뿐이었고 마우이는 저승으로 이어진 어두운 통로 아래로 빠르게 날아갔어요. 마우이는 영원한 땅거미만이 이곳을 지배했을 뿐 하늘과 아주 비슷한 세상에 자기가 와 있음을 발견했어요. 태양의 빛은 이곳으로 들어올 수 없었어요. 사람들은 칙칙해 보이는 나무 아래 있는 마른 풀 위에서 쉬고 있었어요. 그리고 마우이는 자기 생각에 분명히 아버지인 것처럼 보이는 남자 옆에 어머니가 앉아 있는 것을 보았어요. 마우이는 이들 위에 있는 나뭇가지에 앉아 혼잣말을 했어요.

"어머니가 왜 여기에 오시는지 이제 알겠다."

그러나 마우이는 이들의 낮은 목소리를 듣기에는 너무 멀리 떨어져 있었어요. 그래서 마우이는 부리에 딱딱한 산딸기를 물고 아버지의 이마 위에 떨어뜨렸어요. 주변에 있던 사람들이 말했어요.

"산딸기를 떨어뜨린 새가 있는 것이 분명해."

그러나 마우이의 아버지는 말했어요.

"오, 아니, 산딸기가 익어서 떨어진 거야."

마우이는 또 다른 산딸기를 아버지의 이마에 떨어뜨렸어요. 이번엔 어머니가 위를 올려다보고 말했어요.

"나무에 새가 한 마리 있네요."

그리고 더 자세히 보더니 어머니는 이 새가 저승에서는 전혀 볼 수 없고 이승에서만 볼 수 있는 비둘기라는 것을 알아챘어요.

몇몇 사람들이 새에게 돌을 던지기 시작했으나 맞힐 수 없었어요. 그러자 마우이의 어머니가 부드럽게 낮은 어조로 말했어요.

"새야 너는 빛의 세상에서 왔니? 어쩌면 너는 내가 바깥 세상에 두고 왔는데 여기로 나를 따라온 온 멋진 아들, 마우이일지도 모르겠구나."

어머니의 목소리를 듣고 마우이가 부드럽게 구구 거리며 대답하자 어머니는 마우이의 목소리를 알아듣고 말했어요.

"내 아들 마우이인 것을 알겠다. 내려오렴."

마우이는 다시 본래 모습으로 돌아와 어머니 옆에 섰어요. 그러자 타랑아가 사람들에게 마우이의 탄생과 자기가 아들이 넷이나 있어서 바다에 마우이를 던졌던 것에 대해서 이야기하며 다음과 같은 말을 덧붙였어요.

"하지만 마우이의 조상님들, 파도와 바람의 신들이 이 아이에게 자비를 베풀어 죽음에서 구원했고, 위대한 랑이님이 이 아이를 하늘로 데려갔지요. 그리고 우리 아들은 그곳에서 인간 이상의 힘과 지식을 가지고 나를 찾기 위해 돌아왔답니다."

마우이 쪽으로 고개를 돌려 타랑아는 저승에 있는 모든 사람들이 들을 수 있게 큰 목소리로 말했어요.

"오 내 아들아, 너를 환영한다."

사람들은 타랑아의 말에 다음과 같이 말했어요.

"저 아이가 신들의 사랑을 받고 있으니 새의 모습이었을 때 우리가 돌로 못 맞히는 것이 당연하지."

이 모든 것을 듣고 마우이의 아버지는 깜짝 놀랐지만 그 역시 이렇게 말했어요.

"환영한다. 아들아, 너는 내가 늙어 낳은 아이란다! 이리 오너라. 내가 빛의 신, 위대한 타네님의 생명수를 네게 뿌려주마. 그러면 너는 축복을 받아 엄청난 일을 해낼 수 있을 거야."

마우이의 아버지는 그 생명수를 마우이에게 뿌렸어요. 그런데 그 때 함께 말해야 할 주문이 전혀 기억나지 않았어요.

"아 이런! 아 이런! 만약 네가 죽음의 여신 히네Hiné[11]의 세계로 간다면 너는 이제부터 그녀의 지배를 받게 될 거야. 오 아들아, 내가 이렇게 간청한다. 가지 말고 우리와 함께 오래 오래 같이 있자꾸나."

마우이는 아버지의 말을 들었지만, 어머니가 했던 말을 기억했고 자기가 다 큰 어른이 되면 부모님을 떠날게 될 테니 두려워하지 않기로

---

[11] 마오리 신화에서 히네는 밤과 죽음의 여신이며 지하 세계의 통치자이다. 신화에 따르면 그녀는 타네의 딸이며, 그녀의 남편이 사실 그녀의 아버지라는 사실을 발견하고는 어둠의 세계로 도망쳤다.

마음먹었어요.

마우이는 나이가 들수록, 대담하고 위대한 일들을 시도했어요. 그가 영혼의 세계에 내려와 있던 동안, 그는 자신의 할머니인 무리Muri가 거기에 살고 있다는 것을 알게 되었어요. 마우이는 할머니가 마법 턱뼈 덕분에 훌륭한 일을 할 수 있었다는 이야기도 들었어요. 그래서 마우이는 영혼의 땅으로 내려가 할머니에 대해 더 물어보았어요. 사람들은 누군가 할머니에게 매일 음식을 가져다 줘야만 했고, 할머니는 잡히는 사람이라면 누구든 먹어버릴 것이어서 누구라도 할머니를 만나는 것을 끔찍하게 여겼다는 이야기를 들었어요.

"제가 음식을 가지고 갈게요."

마우이는 이렇게 말하며 중얼거렸어요.

"내가 할머니의 턱뼈를 가져야지."

그래서 날마다 마우이는 음식을 할머니 집 근처에 두고서 기다렸으나 할머니를 만나지 못했어요. 마우이가 몸을 숨기고 할머니를 기다리던 어느 날, 마침내 할머니가 나타나서 사람냄새가 나는지를 살펴보려고 코를 킁킁댔어요. 할머니의 모습은 보기에 끔찍했어요. 할머니는 사람을 삼켜버리려고 몸을 쭉 뻗었고 강한 턱을 움직여 이를 갈았어요. 할머니는 서쪽으로, 북쪽으로, 동쪽으로 킁킁댔지만 아무도 찾을 수 없었어요. 마침내 남쪽으로 킁킁댔을 때, 사람 냄새를 맡았어요. 그래서 창고에 있는 진수성찬을 생각한 것처럼 몸을 훨씬 더 쭉 뻗었어요.

"어디 있느냐?"

할머니가 끔찍한 목소리로 물었어요. 마우이는 대답하지 않았어요.

"너는 내 피부에 닿는 남풍을 타고 왔느냐?"

할머니의 물음에 마우이는 그렇다고 대답했어요. 그러자 할머니는 목소리의 주인공이 마우이라는 것을 알아채고선 자기 손주를 먹을 수는 없어서 몹시 실망했어요. 그래서 할머니는 다시 자기의 원래 몸 크기로 돌아왔어요. 그러자 마우이가 숨어있던 장소에서 나왔어요. 할머니가 물었어요.

"마우이야, 왜 할머니를 가지고 노는 거지? 너는 항상 신들과 사람들 모두에게 말썽을 일으키는구나. 내가 여기서는 너한테서 자유로웠어야 했는데. 뭘 원하느냐?"

"할머니가 놀라운 일을 할 수 있게 해준 할머니의 마법 턱뼈를 갖고 싶어요."

"그걸 줄 순 없단다."

"그래도 제가 가져갈게요."

마우이는 매우 힘이 세보였고 할머니는 너무 굶주려서 자신이 너무 약하다는 것을 느꼈어요.

"그럼 가져가거라."

할머니가 이렇게 대답하자 마우이는 바깥세상으로 할머니의 마법 턱뼈를 가지고 와서 형제들에게 내보이며 영혼의 땅에서 겪었던 일들을 말해주었어요.

||

어느 날 밤, 마우이는 장난기가 발동하여 인근 시골길에 피워둔 불

을 모조리 꺼버렸어요. 그래서 사람들이 아침에 일어났을 때 그들은 음식을 요리할 수 없었고 불을 어떻게 만들어야 할지도 몰랐어요. 시끄러운 소란이 일었지만, 마우이는 잠깐 동안 그 소리가 안 들리는 척 했어요. 마침내 마우이가 일어나서 왜 소란스러운지에 대해서 물었어요. 사람들은 누군가 불을 모두 꺼버렸는데 다시 켤 수 없다고 말했어요.

"지하 세계로 가서 불을 가져오세요. 거기 사람들은 불을 피우는 법을 알아요."

마우이의 말에 사람들은 고개를 끄덕였지만, 정작 지하 세계로 가려고 하니 겁이 났어요. 결국 사람들은 그곳으로 가달라고 마우이에게 부탁을 했고 마우이는 승낙했어요. 마을 사람들은 마우이를 돕기 위해 함께 길을 가겠다고 제안했지만, 마우리는 길을 알고 있기에 혼자 가고 싶다고 말했어요.

마우이가 지하 세계에 도착했을 때, 그는 어머니에게 자기가 불을 다 꺼버렸다고 말했고 불의 신 마후이카Mahuika가 어디 사는지 물어보았어요.

"뭐! 또 장난질을 한 것이냐, 마우이! 불의 신인 네 조상님께 가서는 장난치지 않는 게 좋을 거야. 그 할아버지는 아주 고약하시거든."

마우이는 어머니의 충고에 개의치 않고 불을 찾아 길을 떠났어요.

연기 때문에 마우이는 마후이카의 집을 금세 찾았어요. 마후이카는 사람 뼈를 요리하느라 바빴어요. 사람 뼈들이 한동안 화덕의 뜨거운 돌들 위에 있었어요. 마후이카는 매트를 들어 올리고 아주 만족스러워하며 음식 냄새를 맡고 있었어요. 그래서 그는 평소보다 더 좋은 기분으로 마우이 쪽을 돌아보았어요.

"무엇을 원하느냐?"

"저는 불쏘시개를 원해요."

하지만 마후이카는 끙 앓는 소리를 내고 돌아서 버렸어요. 마우이는 잠깐 기다렸다가 다시 말했어요.

"불쏘시개를 주세요."

마후이카는 큰 소리로 쿵쿵 거리더니 아무 말도 하지 않았어요.

"불쏘시개를 주세요!"

마우이가 크게 소리쳤어요. 마침내 불의 신은 너무 화가 나서 마우이를 보내버릴 생각으로 불쏘시개 하나를 던져주고 가버렸어요. 마우이는 불쏘시개를 집어 들고서 생각했어요.

'나는 불만 원하는 게 아니라 불을 만드는 비법도 원해.'

그래서 불쏘시개를 물에 던져버리고 손에 물을 적시고 돌아와 손을 보여주며 말했어요.

"제가 물에 빠져서 불이 꺼졌어요. 제가 알고 싶은 것은 불을 피우는 방법이에요. 알려주세요."

그러나 마후이카는 얘기해주지 않았고 불쏘시개를 하나 더 던져주었어요.

마우이는 이 불쏘시개도 물에 빠뜨리고 돌아와 분노에 찬 눈빛으로 말했어요.

"불 피우는 법을 알려주세요. 안 그러면 말 하게 만들어드리죠."

마후이카는 이 말을 듣고 너무 화가 나서 말했어요.

"너는 무례한 녀석이구나. 하늘로 던져버리겠어."

마우이는 고집스럽게 계속 요구했어요.

"불 피우는 비법을 말해주세요."

이 말이 불의 신을 더 화나게 만들었고 그는 마법의 불허리띠를 착용하러 급히 집으로 들어갔어요. 마후이카는 마우이에게 달려와 그를 꽉 움켜잡고 제일 높은 나무키만큼 하늘 높이 던져버렸어요. 그러나 마우이는 비둘기처럼 몸을 가볍게 만들어 다치지 않았어요. 화가 나 이성을 잃은 불의 신이 다시 마우이를 잡아 제일 높은 나무 위로 훌쩍 던져버렸어요. 마우이는 이번에도 다치지 않고 내려왔고 불의 신은 마우이를 계속 집어 던졌지만 그가 전혀 다치지 않고 다시 내려앉는 것을 쳐다볼 뿐이었어요. 이쯤 되자 불의 신은 숨이 찼어요.

"그럼 이제 내 차례군."

마우이는 이렇게 소리치며 불의 신을 하늘 높이 눈에서 보이지 않을 만큼 멀리 내던졌다가 불의 신이 땅으로 떨어질 때 다시 잡아 던졌어요. 불의 신이 완전히 기진맥진 할 때까지 여러 번 내던지기를 반복했어요.

"오, 그만 둬, 불 피우는 법을 알려줄게."

불의 신이 이렇게 외쳤어요. 마우이가 그를 내려놓자, 불의 신은 딱딱한 나무 조각을 더 부드러운 나무 조각 위에 문지르고, 문지르면서 생긴 불꽃을 담기 위한 빈 공간에 얇은 섬유질을 채워둠으로써 불 피우는 법을 보여주었어요. 그러나 마우이는 이것에 만족하지 않았지요. 마우이는 불 피우는 비법을 듣고 나서 불의 신을 잡아 죽였어요. 그리고 마우이는 부모님에게 돌아가 자기가 한 일을 이야기 했어요.

"네가 조상님인 불의 신을 죽인 건 잘못한 거야. 그 분을 묻어드렸니? 마우이"

부모님이 이렇게 묻자 마우이는 그렇게 했다고 대답했어요. 부모님은 마우이에게 불의 신을 묻은 곳으로 돌아가 그의 육신을 다시 파내어 그의 뼈를 가지런히 모아오라고 시켰어요. 부모님은 마우이가 모아온 뼈들을 마른 박에 담아 가끔씩 아이들이 돌을 담아 흔드는 것처럼 그 뼈들을 마구 흔들었어요. 그러나 사실 마후이카 신은 죽은 것이 아니었어요. 그는 자신의 뼈를 불러 모아 다시 몸을 회복한 후, 타다 남은 나뭇조각을 잡고 인간세상으로 가는 길을 향해 힘껏 뛰어가는 마우이를 뒤쫓았어요. 그 와중에 그는 몇 곳에 불을 놓았고 마우이의 몸이 불꽃에 그슬렸어요. 도와달라는 마우이의 외침을 듣고 신들이 폭우를 내렸지만 아래 세계에 있는 불이 모두 꺼진 것은 아니었어요. 그래서 그곳들은 오늘날까지 불에 타고 있지요. 이렇게 마우이는 사람들에게 막대기를 문질러 불을 피우는 법을 전해주었어요. 누군가는 마우이가 사람들을 위해 그가 아래 세계에서 얻은 불을 많은 나무들에 숨겨 보관했다고도 해요.

이렇게 마우이는 또 다른 업적을 이루었어요.

III

그 후 마우이는 늪의 딸 히네-아-테Hiné–a–te[12]와 결혼을 했어요. 가

---

12 마오리 신화에서 히네-아-테는 밤의 여신이다.

끔 마우이가 밤에 돌아왔을 때 식사가 준비되어 있지 않으면 마우이는 투덜거렸어요. 그러면 히네아테는 언제나 이렇게 말했어요.

"난 요리할 시간도 다른 일을 할 시간도 전혀 없어요. 낮이 너무 짧아요. 화덕을 뜨겁게 만들면 어느새 해가 져 난 어둠 속에 남겨져요."

"내가 해를 땅에 묶어두면, 해가 그렇게 빨리 멀리 못 갈 거야."

마우이가 이렇게 말하자 마우이의 형이 비웃듯이 대꾸했어요.

"우리는 그렇게 못해. 그리고 너도 못해. 태양의 열기가 너무 뜨거워서 너는 해에 다가갈 수 없고 만약 네가 해를 잡아도 해가 너보다 훨씬 더 힘이 세서 잡고 있지 못할 걸."

마우이는 이렇게 대답했어요.

"내가 이미 영혼의 세계에 다녀왔고 위대한 일들도 하지 않았어? 그리고 앞으로 더 대단한 일도 할 수 있어. 가서 튼튼한 아마 섬유를 가져와. 그러면 내가 형한테 심지어 불사의 신들도 묶을 수 있는 아주 튼튼한 밧줄 만드는 법을 보여줄게."

형들은 마우이가 시킨 대로 했어요. 태양의 신을 잡기 위한 올가미를 만들기 위해 마우이가 튼튼한 밧줄들, 꼬인 밧줄들, 그리고 세 갈래 밧줄들을 꼬는 모습은 대단했어요.

"해가 땅 끝 위로 올라오는 장소에 우리가 도착하려면 동이 트기 훨씬 전에 일을 시작해야만 해. 우리가 무슨 일을 하는지 해가 눈치 채기 전에 녀석 위로 밧줄들을 던져야 하거든. 왜냐하면 해는 힘과 빠르기에서 다른 모든 신들을 능가할 수 있으니까."

그래서 그들은 밤에 일어나 평원을 지나 해가 뜨는 장소로 긴 여정을 떠났어요. 그리고 그들은 큰 나무들의 가지들을 잘라 뜨거운 열기로

부터 몸을 숨길 장소를 만들었어요. 그리고는 몸을 숨긴 채 해를 지켜보았어요. 마우이는 무기로 할머니의 턱뼈를 가져왔고 형들은 밧줄을 가져왔어요.

"해의 머리와 어깨가 땅 위로 잘 나올 때까지 기다려. 그 다음에 올가미를 해의 머리 위로 던질 거야. 그러면 해가 쉽게 묶일 수 있을 만큼 약해질 때까지 내가 할머니의 턱뼈로 녀석을 때리는 동안 형들이 밧줄들을 꽉 잡고 있어야 해."

마우이가 이렇게 말하자 형들은 그러겠다고 대답했어요.

눈부시게 아름다운 해가 점점 땅 위로 올라왔어요. 해의 밝은 머리카락들은 앞으로 벌어질 일을 모른 채 격렬한 열기를 내며 활활 타고 있었어요. 마우이와 형들은 해의 머리와 어깨가 잘 올라올 때까지 숨어서 조용히 기다렸어요. 이윽고 형들이 작전을 시작했고 몇 번의 시도 끝에 올가미를 해의 머리 위로 던질 수 있었어요. 마우이가 무자비하게 해를 공격하는 동안 형들은 온 힘을 다해 밧줄을 당겼어요.

깜짝 놀란 해는 헛되이 그의 강력한 팔다리를 함께 들어 올려 밧줄들을 끊으려 했어요. 하지만 밧줄들에 걸린 마법의 힘은 깨지지 않았어요.

"왜 나를 이렇게 때리는 거지? 내가 빛과 열의 원천이라는 것은 알고 있는가? 감히 네가 위대한 라Ra인 나를 공격하다니?"

해는 화가 나서 이렇게 말했어요.

그러나 마우이는 여전히 격렬하게 해를 계속 때리고 있었고 형들은 밧줄을 당기고 있었어요.

"내가 무슨 일을 한 거지? 내가 무엇을 했다고?"

해는 분해서 울부짖었어요. 그러나 아무 답도 듣지 못했고, 마침내 해가 자비를 구하며 큰 소리로 울 때까지 마우이의 공격은 더욱 격해졌어요. 그러자 그들은 해에게 네가 너무 빨리 지곤 해서 네가 아주 빨리도 멀리도 못 가게 묶어놓아야만 한다고 말했어요.

그들은 해가 저항하는데도 해를 땅에 묶어 놓았고 해는 온 몸을 다치고 힘을 빼앗겨 더 이상 저항할 수 없었어요. 그러자 더 이상 해의 이글거리는 머리카락 뭉치들이 땅을 태우면서 땅 위로 떨어지지 않았어요. 하지만 마우이가 무자비하게 해를 때려 해의 머리카락들이 떨어져나가 그 후로 해의 머리카락들은 수많은 얇은 가닥이 되어 땅에 떨어졌어요.

해가 묶여있는 튼튼한 밧줄들이 가끔 구름들 사이로 해에서 땅까지 늘어나는 것처럼 보이기도 한답니다. 그러나 저 멀리서 보면 그 밧줄들이 아주 가냘파 보여서 사람들은 그것들을 빛줄기라고 불렀어요.

마우이와 형들은 자기들이 한 일에 대해 만족하며 집으로 돌아왔고, 그때부터 낮이 더 길어지고 태양의 열기는 줄어들었어요. 이렇게 마우이는 또 다른 업적을 이루었어요.

마우이는 해가 지면 달이 끌려 나와 땅을 밝히게 하려고 달을 해에게 묶기도 했어요. 그리고 나서 그는 서풍을 제외한 모든 바람을 잡아 동굴에 가두었고 바람을 다스리기도 했지요. 마우이는 서풍을 잡기 위해 가끔 남풍과 북풍을 탔어요. 그리고 서풍이 온화해지면 사람들은 마우이에게서 도망가느라 서풍이 거의 기진맥진해졌기 때문이라고 말했어요.

IV

마우이는 여러 면에서 게으른 사내였어요. 그는 때로 신들에게 맞서 위대한 업적을 이루어 내기도 했지만, 일상의 평범한 일을 도우려 하지는 않았어요.

어느 날 그의 형들이 마우이에게 말했어요.

"마우이야, 우리가 물고기를 잡으러 갈 때 너는 한 번도 돕지를 않는구나."

그리고 여자들과 아이들 역시 마우이의 주변에 모여 그가 게으르다고 비난을 했어요. 그러면 그는 투덜거렸죠.

"오, 이미 내가 여러 가지 엄청난 일들을 해내지 않았어? 음식을 구하는 것은 너무 대단한 일이라서 어찌 감히 내가 할 수 있겠니? 너희들은 오늘 태양이 비추는 이 해변에 차려질 많은 음식들에 대해선 상상도 못할 거야."

그리고 마우이의 이 말은 이후에도 두고두고 사람들의 입에 오르내렸어요.

그러고 나서 마우이는 형들에게 크게 말했어요.

"형들은 늘 물고기를 잡고 있어. 그런데 사실 물이 너무 많고 땅은 너무 적어. 내가 형들을 따라 가서 내가 도와줄 수 있는 일을 보여줄게."

그러나 형들은 마우이가 말하는 방식으로 짐작건대 뭔가 장난스러운 일을 하려는 것 같다고 생각했어요. 그래서 형들은 그날 밤 물고기를 잡으러 갔고 마우이를 남겨두었어요. 하지만 마우이는 그런 식으로 당하지 않았어요. 마우이는 새로 변신해서 카누를 따라 날아가 카누 끝에 앉아 본래 모습으로 돌아왔어요. 형들은 화가 났지만 뚱하게 이렇게 말할 뿐이었어요.

"네가 와서 뭐가 좋은 거지? 넌 낚시 도구도 하나 없는데."

형들은 마우이가 할머니의 턱뼈로 큰 낚시 바늘을 하나 만들었고 그것을 자기 망토 밑에 숨겼다는 것을 몰랐어요. 마우이는 비웃으며 이렇게 말할 뿐이었죠.

"바다 멀리 나가요, 난 깊은 물에서 낚시를 하고 싶으니까."

처음에 형들은 마우이의 말을 따르지 않았지만 사실 마우이를 두려워하고 있었어요. 그래서 마우이가 화를 내며 "바다로 멀리 나가라고," 다시 말했을 때 그들은 마우이의 명령에 멀리 카누를 몰았어요. 그러자 마우이가 형들에게 형들의 낚싯줄을 깊은 물에 넣으라고 시켰고 낚싯줄들이 깊이 가라앉기도 전에 엄청나게 많은 물고기들이 낚시 바늘에 걸렸어요. 심지어 카누에까지 물고기가 올라와 금새 카누가 물고기로 꽉 찼어요.

마우이가 말했어요.

"이제 내가 할 수 있는 일을 봐."

그러나 형들은 조롱조로 다시 대답했어요.

"낚시 도구 하나 없이 네가 뭘 할 수 있냐?"

마우이는 비웃으며 망토 아래에서 마법 낚시 바늘이 달린 낚싯줄을 꺼냈어요. 그 줄은 진주껍데기로 장식이 되어 달빛에 반짝일 때 아름답게 빛났어요.

형들은 마우이가 자기 손가락에서 난 피를 낚시 바늘에 미끼로 묻히는 모습을 이상하게 여기며 지켜보았어요. 왜냐하면 자기들이 마우이에게 어떤 미끼도 주지 않았기 때문이었죠. 그리고 나서 마우이는 이렇게 노래를 부르며 낚싯줄을 깊은 바다에 넣었어요.

오 온화한 동북풍이여!
오 온화한 동남풍이여!
와서 내 낚싯줄에서 연주해라,
약간 떨리는 달콤한 노래를 불러라,
바다의 동굴 쪽으로 빠르게
그것은 앞뒤로 달린다.
어떤 것도 거칠게 내 낚싯줄을
쓸고 가지 못하게 하라
그렇지 않으면 내 장난이 이 밤을 망쳐놓을 것이다,
아래 어두운 깊은 곳에서.

마우이는 이렇게 노래를 했고 곧 낚싯줄이 격하게 당겨지며 물이 거칠게 요동쳤고 카누가 흔들리며 여기저기 뒤틀렸어요. 마우이가 줄을 꼭 쥐었을 때 형들이 외쳤어요.

"가도록 내버려둬, 마우이, 우리를 물에 빠뜨려 죽이려고 여기로 데려왔구나!"

그러나 마우이는 여전히 열심히 줄을 당기며 노래를 부르고 있었어요. 강력한 파도가 일고, 마침내 마우이는 겁에 질린 형들에게 외쳤어요.

"이것 봐! 이게 내가 잡으려던 물고기야."

그리고 여러 번 힘을 써서 마우이는 실로 엄청난 물고기를 끌어올렸어요. 엄청 큰 땅의 표면, 테-이카-아-마우이Te-ika-a-Māui, 바로 마우이의 물고기the fish of Māui[13]였어요. 이렇게 뉴질랜드의 북섬이 생겼답니다. 마우이는 형들에게 말했어요. "내가 돌아올 때까지 이 물고기를 내버려 둬. 나는 이 땅에서 난 첫 번째 과일들을 신들에게 바치러 갈 거야. 그러면 신들은 조개껍데기로 우리가 신들의 법을 위반하도록 유혹했던 모든 사악한 정령들을 우리에게서 떼어내 줄지 몰라. 그리고 이 신성한 물고기를 바다 아래 깊은 구멍 밖으로 꺼낼 거야. 내가 돌아오면 우리 이 물고기, 바로 이 땅을 나누자."

하지만 마우이가 사라지자마자 형들은 칼로 물고기를 자르면서 자기 몫을 차지하려고 싸우기 시작했어요. 물고기는 형들이 마구 자르는 동안 머리, 꼬리, 지느러미를 꼼지락거렸고 괴로워했어요. 이렇게 해서 산과 협곡 그리고 마우이가 낚아 올린 땅의 거친 절벽들이 만들어졌어요. 마우이가 돌아왔을 때 그는 형들이 한 짓에 대해서 몹시 화를 내며 말했어요.

"형들의 탐욕과 다툼이 없었더라면 내 땅에 평원이 아름답게 펼쳐졌을 텐데."

그러나 형들은 서로 싸우느라 너무 바빠 마우이의 말에 대꾸를 할 수 없었어요. 게다가 마우이의 마법 때문에 물고기로 가득 찬 무거운 카누가 물 밖에 나와 있었고 그들이 그것을 땅 위에서 멀리 끌고 가야

---

[13] 테-이카-아-마우이는 '마우이가 잡은 물고기'(the fish of Māui)라는 뜻이다. 마우이가 마법의 낚싯줄로 뉴질랜드의 북섬을 끌어올린 이야기에서 뉴질랜드 북섬의 이름으로 언급된다.

했기 때문에 그들은 화까지 나 있었어요. 이렇게 마우이는 또 다른 업적을 이루었어요.

V

마우이는 할머니의 턱뼈로 만든 낚시 바늘로 이룬 성공이 너무 기뻐서 다른 크기의 낚시 바늘들을 만들기 위해 더 많은 턱뼈가 필요하다고 생각했어요. 한편 마우이에게는 자신처럼 장난을 매우 좋아하는 두 아들이 있었는데 마우이는 더 이상 아들들의 이러한 모습을 보고만 있을 수 없었어요. 그래서 어느 날 그는 이렇게 말했어요.

"얘들아, 너희는 말을 너무 많이 하고 일은 너무 안 하는구나. 너희를 하늘로 올려 보내겠다. 아마 그곳에서는 장난을 그만 하고 일을 하게 될 거야. 게다가 난 너희의 턱뼈를 갖고 싶구나. 너희의 턱뼈는 튼튼하니까."

"좋아요, 아버지."

하늘로 올라간다는 생각이 마음에 들었던 아들들이 대답했어요.

"하지만 너희 둘을 같이 보내진 않을 거야. 그러면 너희는 더 장난을 칠 테니까."

마우이가 덧붙였어요.

이윽고 밤이 되자 마우이는 한 아들을 하늘 높이 던져 올렸고 그 아이는 거기서 개밥바라기별이 되었어요. 새벽 무렵에 다른 아들을 던져 올리자 그는 샛별이 되었어요. 한 명은 빛의 신 타네의 훌륭한 큰 길

• 52 •

을 밝혀야 하고 해가 뜨는 것을 알려야 했어요. 다른 아들은 저녁에 타네의 마지막 빛을 잡기 위해 지켜보고 있어야 했어요. 그러나 마우이는 자기가 쓸 낚시 바늘을 만들기 위해 아들들의 턱뼈를 간직했어요.

마우이가 하는 일을 언제나 도왔던, 마우이가 제일 좋아하는 형 타키Taki는 아름다운 별이 된 조카들을 보았을 때 이렇게 말했어요.

"마우이야, 난 나이가 들어가는데 나도 하늘의 별이 되면 좋을 것 같구나."

"좋아요. 그렇지만 내가 형을 올리기에 형은 너무 무거워서 거미줄을 타고 하늘로 올라가야겠어요."

그래서 마우이는 주문을 외워 형을 도왔어요. 그리고 타키의 오른쪽 눈은 타키아라Takiara가 되었고, 항상 자신의 밝은 빛으로 사람들을 안내하기 때문에 타키는 하늘에서 아주 위풍당당했어요.

마우이에게는 타키가 아름다운 만큼이나 못생긴 매형이 한 명 있었어요. 그는 너무 이상하게 생겨서 많은 무사마귀들이 얼굴에 박혀 있는 것처럼 보였어요. 그래서 그는 이라와루Irawaru[14]라고 불렸어요. 그는 탐욕스러운 사람이었어요. 가끔 그는 마우이와 함께 낚시를 갔는데, 어느 날 마우이가 안 보고 있을 때 그가 미끼를 다 먹어버렸어요. 마우이는 더 이상 자기 피를 미끼로 또 다른 땅을 끌어올리고 싶지 않았기 때문에 둘은 빈손으로 돌아와야 했어요. 마우이는 매형에게 굉장히 화를

---

[14] 영어 원문에서 이라와루라는 이름이 여덟 개의 무사마귀(Eight-warts)로 설명되어 있는데, 이는 그가 얼마나 못생겼는지를 짐작하게 해준다. 마오리 신화에서 마우이의 누이인 히나우리의 남편으로 등장하는 이라와루는 개의 기원으로 여겨진다.

냈어요. 그래서 그들이 해변에 도착했을 때, 그는 매형을 깊은 바다로 보내고 이렇게 말했어요.

"이라와루가 탐욕스럽기에 바다에 가두노라."

그리고 마우이는 매형의 입, 턱, 귀, 팔, 다리를 당겨 개의 형상으로 만들었고 등뼈가 개꼬리처럼 될 때까지 척추를 뽑아냈어요. 이렇게 하고 나서, 마우이는 매형이 정신을 차리게 했어요. 이라와루는 자신이 개가 된 것을 알았을 때 울부짖으며 근처의 덤불 속으로 꽁무니를 빼고 달아났어요. 마우이는 개가 된 매형을 보고 감탄하여 배웅하며 말했어요.

"이라와루는 사람이었을 때보다 지금이 더 보기 좋구나. 그도 알면 좋을 텐데."

마우이가 집에 왔을 때, 누나가 말했어요.

"매형 못 봤니?"

"아, 카누 근처에 있을 건데, 곧 돌아올 거야."

그래서 누나가 이리와루를 불렀지만 이리와루는 돌아오지 않았어요.

"네가 마법을 써서 이리와루에게 무슨 짓을 한 것 같은데."

"누나, 그러면 거기에 가서 휘파람을 불어봐. 그리고 '모이-모이'Moi-moi[15]하고 불러봐. 그럼 올 거야."

마우이가 시킨 대로 하자 개 울음소리가 들리더니 바로 개 한 마리

---

[15] 마오리 부족 사람들이 개를 부를 때 내는 소리이다.

가 꼬리를 흔들며 그녀에게 달려왔어요. 그러자 그녀는 마우이를 향해 울부짖었어요.

"네가 우리 남편에게 저주를 내리고 사악한 요술을 부려 남편을 개로 만들었구나."

남편이 개가 된 것을 알고 나서 그 불쌍한 여인은 비탄에 빠져 바다에 몸을 던졌어요.

VI

수년이 지난 뒤에도 마우이는 항상 이런저런 장난을 치고 있었고, 마우이는 어렸을 때처럼 신과 인간 모두에게 귀찮은 존재였어요. 그러나 사람들은 누구도 마우이를 죽일 수 없을 것이라고 생각했어요. 마우이는 너무 강한 존재였어요. 실제로 그는 혼자서 고래를 해변으로 끌어올리거나 엄청나게 큰 숲의 나무들을 옮겨 놓기도 했어요. 그러나 마우이는 자신이 나이를 먹고 있다는 것을 느꼈고 사람이 죽어야 한다는 것이 격이 떨어지는 일이라고 생각했어요. 그리고 마우이는 자신이 저승에 있던 어머니를 찾아갔을 때 오래 전에 어머니가 해주신 말을 떠올렸어요. 다시 어머니에게 가서 이렇게 말했어요.

"저는 우리의 여자 조상이자, 죽음의 신 히네를 없앨 거예요. 저는 오랫동안 히네에게 인간이 죽지 않게 해달라는 약속을 받아내려고 노력했어요. 이를테면 인간이 타네의 강에서 목욕을 하면 달처럼 달마다 그의 생명이 다시 시작되도록 말이에요. 하지만 히네는 '안 돼! 사람은 죽어 흙의 일부가 되어야 해. 다시 이승에서의 삶을 살아서는 안 돼.'라고 대답할 뿐이었어요."

"아들아, 넌 그럴 수 없어. 히네는 너무 강력해."

어머니의 말에 마우이는 대답했어요.

"전 어떻게든 할 수 있을 거예요. 히네가 잠들었을 때, 히네의 입으로 뛰어 들어가고 만약 일단 제가 히네의 몸으로 들어가 심장을 꺼내 다시 히네의 입으로 나올 수만 있다면, 히네는 더 이상 사람보다 센 힘을 갖지 못할 거예요. 저는 그렇게 할 거예요. 제가 태양의 신, 라를 목 졸라 죽일 뻔 했잖아요. 그리고 히네는 라만큼 무섭지도 않고 강하지도 않아요. 라를 이긴 제가 왜 히네를 두려워하겠어요?"

"물론 너는 너 하고 싶은 대로 하겠지. 하지만 나는 너의 세례식에서 물을 뿌릴 때 해야 하는 기도를 빠뜨렸어. 네가 그녀를 찾아간다면 너는 분명히 죽을 거야. 애원하는데 부디 히네를 건드리지 말아다오, 아들아."

그의 아버지가 이렇게 간청했지만, 마우이는 그 말을 전혀 듣지 않았어요.

"히네가 어떻게 생겼고 어디서 히네를 찾을 수 있는지 얘기해주세요."

그러자 마우이의 아버지가 이렇게 답했어요.

"지평선 위 번개가 번쩍이는 게 보이니? 저것이 히네의 끔찍한 눈빛이란다."

"다른 것은요?"

"히네의 이빨은 흑요석처럼 들쭉날쭉하고 날카롭지. 그리고 히네의 입은 커다란 상어의 입과 같고 누구도 일단 그 입으로 들어가면 돌아오지 못한단다."

"그게 다인가요? 제 심장은 두려움을 모르기 때문에 저는 히네를 찾아 떠나겠습니다."

이렇게 마우이는 부모님의 기도를 귀 기울여 듣지도 않고 그 끔찍한 신 히네를 찾아서 지하 세계로 떠났어요. 마우이가 형제들에게 같이 가자고 했으나 그들은 따라 나서지 않았어요. 어느 누구도 마우이와 함께 가지 않았어요. 가끔 잔인한 모습을 보이기는 했지만, 마우이는 새들에게는 항상 상냥했어요. 새들도 마우이가 가끔 자신들을 이용했고 그의 말을 따르지 않으면 벌을 내렸지만 그를 좋아했답니다.

여행 중 어느 날, 마우이는 물이 필요했어요. 티에케Tieke[16]에게 물을 좀 가져다 달라고 했으나 티에케가 물을 갖다 주지 않아서 마우이는 티에케를 물에 던져버렸어요. 그러자 티에케가 아주 큰 소리를 냈고 그때부터 모든 티에케들은 시끄러운 새가 되었어요. 그리고 마우이는 히히Hihi에게 물을 가져오라고 시켰으나 히히도 가져오지 않았어요. 그러자 마우이가 히히를 불에 던져버렸고 오늘까지 히히의 깃털 중 몇 개가 노란 불꽃색이 되었어요.

---

16 여기서는 뉴질랜드의 특징적인 새들이 등장한다. 티에케는 등에 안장모양의 점 무늬가 있어 새들백(saddleback)이라고 불리며, 스티치버드(Stichbird) 또는 히히는 뉴질랜드의 북섬과 뉴질랜드 원근해 섬에 사는 토착종으로 꿀빨기새류를 닮은 희귀종이다. 토우토와이는 작은 울새이며, 푸케코는 자색쇠물닭(purple swamphen)이다. 마오리 문화에서 붉은 색이 고결함과 힘과 관련되어 있는데, 푸케코는 붉은 부리와 다리 때문에 마오리 사람들에게 매우 존경을 받고 있다.

마우이는 토우토와이Toutowai에게도 물을 가져오라고 명령 했는데, 다행히도 토우토와이는 물을 가져왔어요. 그러자 마우이는 보상으로 토우토와이의 부리를 덮은 깃털들을 아름다운 하얀색으로 바꿔주었어요.

마우이는 푸케코Pukeko를 불렀는데 푸케코는 귀에다 물을 채워와 마우이에게 물을 가져다주었어요. 그러자 마우이는 기뻐서 푸케코의 다리를 길게 잡아당겼고 그때부터 푸케코는 습지로 들어가 먹이를 쉽게 잡을 수 있었어요.

마우이와 함께 가려는 사람은 없었지만, 마우이의 말을 듣고 있던 새들 중 몇 마리가 함께 가겠다고 말했어요. 그리고 작은 토우토와이와 큰 토우토와이, 종달새, 공작비둘기, 화이트헤드, 흰눈썹뜸부기, 그리고 다른 많은 작은 새들이 마우이에게 와서 같이 가겠다고 말하며 마우이를 따라 나섰어요. 그 덕분에 마우이는 외롭지 않았어요. 이렇게 마우이는 신과 인간들 모두에게 버림받고 그의 새 친구들과 함께 그의 끔찍한 계획을 시작했어요.

오랜 여행 후, 마우이는 히네가 사는 곳에 도착했지만 히네의 전체 모습을 볼 수 없었어요. 단지 히네의 입이 벌려져 있는 것만 볼 수 있었어요. 그리고 마우이는 번개 빛이 히네의 눈에서 나오지 않았기에 히네가 자고 있다는 것을 알았어요. 그래서 마우이는 작은 새들을 돌아보며 이렇게 말했어요.

"이제 아주 조용히 해, 그리고 웃지 마."

"노력할게. 그런데 네가 죽을까봐 겁나. 조심해, 마우이."

새들이 대답했어요.

마우이가 자신의 망토를 벗자 그의 피부가 얼룩덜룩한 고등어의 피부처럼 빛났어요. 마우이는 아주 아름답게 문신을 한 모습이었어요. 그리고 작은 새들에게 웃지 말라고 한 번 더 주의를 주고 마우이는 히네의 머리를 뛰어 넘어 입 속으로 들어갔어요.

마우이가 자신의 가슴 높이만큼 히네의 입 속으로 내려갔을 때, 그의 다리가 히네의 입에 걸쳐 매달려 있었고 마우이의 모습이 너무 웃겨서 새들은 웃지 않기 위해 뺨을 찡그려야만 했어요. 하지만 늪에 사는 작은 흰눈썹뜸부기가 웃음을 참지 못하고 유쾌한 소리로 웃어버렸어요. 아아, 이 소리가 히네를 깨웠어요. 히네의 강력한 턱이 탁 하고 닫히며 마우이의 몸은 두 동강이 났고 그의 다리가 땅으로 굴러 떨어졌어요.

이 끔찍한 광경에 새들은 겁에 질려 마우이가 죽었다는 슬픈 소식을 전하기 위해 멀리 날아갔고 여러 날 동안 노래를 부르지 않았어요. 그리고 그 작은 흰눈썹뜸부기는 더 이상 웃지 않았어요.

강력한 마우이는 죽음의 여신 히네에 의해 이렇게 죽었어요. 그 이후로 인간의 자손들은 모두 언젠가 죽을 운명에 처하게 되었지요. 이렇게 해서 "사람이 많은 자손을 가질 수는 있지만, 히네가 그들을 모두 목 졸라 죽인다"는 속담이 생겼어요.

마우이가 종종 사람들을 괴롭히기는 했지만, 그의 형제들은 마우이의 업적을 진심으로 자랑스러워했기 때문에 마우이의 큰 형은 그의 죽음을 이렇게 큰 소리로 애도했어요.

아 형제여 그대는 죽어있구나!
헛되이 우리는 신들에게 묻는다
왜 죽음이 마우이를 정복했는가,

신들에게 바친 우리의 선물이 불태워지고
신들에게 바친 우리의 노래가 불렸으나
아 형제여 그대는 죽어있구나!

아 형제여 그대는 죽어있구나!
그 작은 흰눈썹뜸부기는 웃었던가?
무서운 히네가 잠에서 깼다. 그러자
그녀의 눈에서 번개가 번쩍였고,
그녀의 잔인한 턱이 닫혔다.
내 형제의 위에서, 아아! 마우이의 위에서,
그리고 인간은 영원히
죽어야만 한다,
아 형제여 그대는 죽어있구나!

태평양 섬들의 위대한 헤라클레스인 마우이는 그의 경이로운 낚시
바늘과 함께 하늘에서 살고 있답니다. 전갈자리의 갈고리 모양 꼬리가
바로 마우이의 마법 낚시 바늘이지요.

3

히네모아,
로토루아의 아름다운 마오리 소녀

　　뉴질랜드의 북섬 가운데에는 로토루아Rotorua[17]라고 불리는 크고 아름다운 호수가 있어요. 맑은 물 여기저기에 솟아난 우아한 갈대 기둥들과 고사리들이 주위에 늘어선 절벽에는 키 작은 나무들이 우거져있고, 완만한 기복이 있는 경사지들은 색색의 고사리들로 두텁게 덮여, 밝은

---

[17] 로토루아는 뉴질랜드의 북섬에 있는 도시로서, 현재에도 마오리 문화를 보존하고 외부에 전하려는 노력이 이어지고 있는, 마오리 문화의 중심지이다. 로토루아에 있는 로토루아 호수는 지금까지도 전해져 오고 있는 아름다운 히네모아 이야기의 배경이 되는 호수이다.

모래가 가득한 호숫가의 가장자리로 뻗어있어요. 작고 구불구불한 도랑에는 다양한 종류의 나무 덤불이 자리 잡고 있고, 연못에서는 덩굴 식물 클레마티스가 별을 닮은 듯한 하얀 빛의 꽃들과 검게 빛나는 잎들을 피워내어요. 그 위에서는 깃털 같은 나무 고사리 꼭대기가 위풍당당한 위용을 뽐내며 바람에 흔들리고 있어요. 아마flax[18] 덤불들은 축축하고 움푹 패인 땅 속에서 강한, 칼날 모양의 잎과 어스름한 붉은 색의 꽃을 피우며 자라고 있고, 야생의 많은 새들은 반짝이는 넓은 호숫가 여기저기에 나 있는 두터운 곤풀과 사초과의 여러 풀들 속에서 보금자리를 만들고 있지요.

호수 중앙에는 고사리 옷을 입은 비옥한 예쁜 섬 모코이아Mokoia[19]가 있는데, 마치 어여쁜 가슴 위에 놓인 초록 빛깔 보석 같아요. 모코이아 섬에는 마오리 부족 하나가 살고 있고, 그 외 다른 부족들은 호수를 둘러싼 지역에서 거주하는데, 지난날에도 그랬듯이 오늘날에도 많은 사람들이 카누를 타고 여러 마을을 오가는 것을 볼 수 있을 거예요. 온천이 호수 남쪽 끝 기슭으로부터 올라오고 나무 덤불 속에서 거품과 김이 나오면서, 모코이아 섬은 밤낮으로 몇 시간이든 그곳에 앉아 있기를 좋아하는 갈색 피부의 부족민들을 위한 환상적인 목욕 장소가 되어요. 그들은 뜨겁게 끓고 있는 웅덩이에 쿠마라와 물고기를 넣어 요리하고, 추

---

[18] 아마(flax)는 뉴질랜드 고유의 자생 식물로서, 아마줄기는 바구니 등 물건을 만드는데 쓰이기도 하고 놀이를 하는데 쓰이기도 하는 등 마오리 사람들에게 무척 중요하게 활용된 식물이다.

[19] 로토루아 호수에 자리한 작고 아름다운 섬이며, 현재에는 관광의 목적으로만 제한적으로 접근이 가능하다. 지금까지도 키위새 등 멸종위기의 희귀한 종들의 보금자리가 되어오고 있다.

운 겨울에도 안락하고 편안하게 지낼 수 있도록 납작하고 뜨거운 돌들을 바닥에 깔아놓은 오두막을 짓기도 하지요.

옛날 옛적에 본토에 사는 부족민들 중 히네모아라는 어린 마오리 아가씨가 있었어요. 그녀는 그 지역 어디에 있는 아가씨보다도 더 아름다웠어요. 그녀의 아름다움에 대한 명성은 널리 시골 지역으로까지 퍼져나갔고, 많은 용감한 족장들이 그녀와 결혼하고 싶어 했어요. 그들 중에는 투타네Tutané라는 젊은 전사가 있었는데 그와 그의 세 형들은 모코이아 섬에서 그들의 부족과 함께 살고 있었어요. 그들은 로토루아 사람들의 집회에서 히네모아를 처음 보았어요. 너무나 아름다운 그녀를 보고 그들은 각자 그녀를 자신의 아내로 삼고 싶어 했어요. 하지만 히네모아는 그들보다 훨씬 더 높은 신분을 지니고 있었고, 그녀의 부족민들은 히네모아를 세 형제 중 누구와도 결혼시킬 생각이 없었어요. 반면 그 아름다운 아가씨는 그 중 잘 생기고 젊은 투타네를 좋아하게 되었고, 따뜻한 여름 저녁이면 종종 호숫가에 앉아서 투타네의 나팔 연주를 듣곤 했어요. 투타네가 피리 연주를 좋아하는 멋진 친구 티키Tiki와 자기 자신을 위하여 섬 기슭 근처에 만들어 놓은 무대로부터 호수를 가로질러 음악소리가 퍼졌어요. 히네모아는 투타네의 나팔소리를 듣고서 부드러운 목소리로 이렇게 말했어요.

"저건 투타네의 달콤한 음악소리야!"

그녀의 가슴은 그에 대한 생각들로 가득 찼어요.

부족들이 경연과 춤을 위해서 모였을 때 히네모아와 투타네는 자주 함께 있었고, 서로를 향한 즐거움과 경탄의 눈길을 주고받았어요. 두 사람이 떨어져 있을 때면 투타네의 마음은 그 아름다운 아가씨를 향한 애정 어린 생각들로 가득했고, 히네모아의 마음은 부드럽고 달콤한 목소리를 가진 그에 대한 기억들로 가득 찼어요. 그러나 투타네는 히네모아가 자신보다 훨씬 더 높은 계급에 속해 있었기에 그녀를 아내로 맞을 수 있을지를 확신할 수 없었어요. 어떻게 장자도 아닌 그가, 감히 위대한 족장 우무카리아Umukaria의 귀한 딸 로토루아 아가씨에게 구애하거나, 손을 잡으려 하거나, 부드러운 손길로 사랑을 말할 수 있겠어요?

한편 히네모아는 혼자서 말했어요.

"그가 날 정말로 사랑하는지 어떻게 알 수 있을까? 친구를 보내서 그에게 내 사랑을 전하는 건 별로 좋아 보이지 않을 텐데."

그래서 두 사람은 오랜 시간 동안 만났지만 각자가 서로에게 가진 애정에 대해서 이야기 하지 않았고, 함께 있을 때면 수줍은 눈빛만이 무언의 말들이 되어 서로에게 오고 갔어요. 두 사람이 떨어져 있었던 저녁 시간에는 투타네의 나팔소리가 영원한 사랑의 이야기를 담아 호수 너머로 건너 왔어요. 많은 시간이 지나고, 투타네는 드디어 티키를 통해 히네모아에게 자신의 아내가 되어 줄 수 있는지 물어보겠다고 결심하고는 이를 실행에 옮겼어요. 그의 말을 전해들은 히네모아는 너무나 기뻐하며 말했어요.

"아, 지금껏 우리 둘은 서로를 사랑하고 있었구나!"

투타네가 히네모아를 다시 만났을 때 그녀에게 사랑의 말을 하는 것은 더 이상 전처럼 어렵지 않았어요. 하지만 그녀의 아버지가 진노할 것이 두려워 공개적으로 그렇게 하지는 못했어요. 화창한 여름 날, 로토루아 집회에 모인 젊은 남녀들은 긴 시간 동안 춤을 추었고, 연장자들에게서 떨어져서 그들만의 놀이를 즐기기도 했어요. 그들은 줄넘기

swinging 놀이를 무척 좋아했어요. 긴 막대기를 땅에 단단히 고정시키고 여기에 밧줄들을 걸어 각각 줄을 하나씩 잡고 땅에서 높이 뛰어 올라 마치 새처럼 가볍게 공중에서 빙글빙글 돌며 노는 것을 좋아했어요. 그들은 종종 자신들을 그들이 가장 좋아하는 앵무새kaka에 비교하며 이 짧은 노래를 부르곤 했어요.

오 재빠른 새야 너는 날아가 버리는구나!
어디로 날아가는 거니?
날면서, 하늘로 날면서,
우리도 가볍게 높은 곳으로 솟구치네.
어디로 날아가는 걸까?

이렇게 젊은 청년들과 아가씨들이 즐거운 시간을 보내며 들려주는 노래가 부드러운 여름 공기 속에 울려 퍼질 때, 투타네와 히네모아는 밀회장소로 몰래 사라져 행복한 이야기를 나누며 시간을 보냈어요. 그렇게 시간을 보내다가 놀이 소리가 중단되거나 멀리 떨어져 있는 사람들이 줄넘기 놀이 노래의 마지막 구절을 부르는 것이 들릴 때면 두 사람은 서둘러 돌아와 다시 즐겁게 춤을 추고 있는 젊은이들의 무리 속에 섞였어요. 노래의 마지막 구절은 다음과 같았어요.

이제 우리는 피곤하고 지쳐,
우리 모두 이토록 무더운 계절에 있으니,
그늘진 나무 아래에서 쉬겠네.
피곤하고 지쳤네 이제 우리는!

지쳤네 이제 우리는!

그렇게 행복한 시간을 함께 보내던 어느 날 밤, 히네모아는 들키지 않고 카누를 구할 수 있다면 카누를 타고 모코이아 섬의 투타네에게로 가서 그의 아내가 되고 싶다고 고백했어요. 투타네는 매일 밤 나팔을 연주해서 그녀가 어디로 그를 찾아오면 될지를 음악소리로 알려주겠다고 약속했어요.

어느 날 밤, 투타네와 그의 가족들은 부족회의가 열리는 큰 집에 모였어요. 그 곳에서 그들은 히네모아의 뛰어난 미모에 대해서 이야기하기 시작했어요. 투타네의 형은 그가 그녀의 사랑을 얻었다고 자랑했어요. 형들이 차례로 똑같이 자랑을 했고, 모두들 그녀가 자신들에게 달콤한 손길과 애정이 담긴 눈빛을 주었다고 했어요. 그들이 이렇게 말했을 때 투타네는 화가 나서 성급하게 벌떡 일어서서 말했어요.

"히네모아가 사랑하는 사람은 바로 저예요. 그녀는 오직 제 손만 부드럽게 만졌어요."

하지만 그의 형들은 그를 비웃으면서 그를 "족장의 딸이 결코 좋아할 수 없는, 작은 마을의 막내아들에 불과한 녀석"이라고 불렀어요.

투타네를 특별히 좋아한 그의 아버지는 그에게 어떻게 된 일인지 따로 불러 물었고, 투타네는 히네모아가 자신을 진실로 사랑하며, 그녀가 몰래 호수를 건너와 자신의 아내가 되기로 약속했다고 말했어요. 투타네는 아버지께 이 사실을 비밀로 해달라고 부탁하였고, 아버지는 그렇게 하기로 약속해 주었어요. 한편 히네모아 부족사람들은 투타네에 대한 히네모아의 감정을 의심하기 시작했고, 그녀가 그에게로 가버릴

까봐 두려워했어요. 그녀의 아버지인 위대한 족장 와 카네Wha Kane는 매일 밤 모든 카누를 호숫가로부터 멀리 올려놓도록 명령했고, 사람들은 히네모아가 그녀의 연인에게로 도망가는 것을 막을 수 있기를 희망하며 그 명을 따랐어요.

어느 날 저녁 히네모아는 혼자 호수의 기슭에 앉아 애정을 듬뿍 담아 그녀의 연인을 생각하고 있었어요. 투타네의 조개껍데기로 만든 나팔이 내는 맑은 소리는 부드러운 여름 바람을 타고 그녀에게로 향하고 있었고, 그녀는 슬픈 가슴을 부여잡고 그에게 갈 수 있기를 간절히 바랐어요. 그녀는 드디어 그날 밤 호수를 건너 그에게 가기로 결심했어요. 혼자서 카누를 물가로 끌어 내리기에는 카누가 너무 무거웠어요. 하지만 그녀는 강했고 헤엄을 잘 칠 수 있었으니, 마른 박 여러 개를 함께 엮어서 수영하다 지칠 때 기댈 수 있는 부낭으로 사용한다면, 카누가 없더라도 직접 호수를 건너 투타네에게 가지 못할 이유가 어디 있겠어요? 용감한 마오리 아가씨 히네모아는 그렇게 생각했어요. 해가 졌을 때, 그녀는 마을로 돌아가 박을 가지고 나왔어요. 그리고 필요할 때 자신의 몸을 지탱할 수 있게끔 박을 한 꾸러미에 세 개씩 아마 줄기로 단단히 묶었어요. 그녀가 서 있는 로토루아와 모코이아 섬 사이의 거리는 수 마일이나 되어 어둠이 펼쳐진 호수에서 그곳을 바라보면 작고 흐릿한 잉크 한 방울처럼 보였어요. 그녀에게 물이 가득한 이 넓은 호수를 혼자서 건널 용기가 있을까요? 그녀의 가슴은 두려움과 사랑으로 빠르게 뛰었어요. 그녀가 돌출된 바위 위에 서서 발아래 어둡고 깊은 곳으로 뛰어내리기를 잠시 망설이고 있을 때, 그녀는 또 다시 그녀의 연인 투타네의 음악 소리를, 밤공기를 가로지르는 달콤하고 맑은 그 소리를 들었어요. 아마 그때까지도 그는 그 자신이 연주하는 음악이 그녀를 그에게로 인도할 수 있으리라 여기며 그녀를 찾고 있었나 봐요.

"이건 투타네의 달콤한 음악소리야!"

스스로에게 부드럽게 속삭이면서 히네모아는 망토를 내려놓고 그녀가 묶어둔 박 꾸러미들을 손에 들고서 물속으로 뛰어들었어요. 그녀가 흐린 별빛에 몸을 맡긴 채 용감한 모험을 시작했을 때, 첨벙하는 소리에 깜짝 놀란 갈대 새들의 날갯짓 소리가 부드러운 잔물결 사이로 함께 전해 졌어요. 히네모아는 굳은 결심과 함께 용기를 내어 처음 얼마간의 거리는 쉽게 헤엄쳐 나갔어요. 그러나 호수 기슭에서 점점 더 멀어질수록, 그리고 그 어두운 호수에 혼자 있다는 생각이 자꾸만 밀려들수록, 아주 작은 소리도 그녀의 가슴을 빠르게 뛰게 했어요.

'이 소리는 멀리서 들려오는 노 젓는 소리임에 틀림없어! 내가 실종된 것을 알게 되어 아버지의 사람들이 재빠른 카누로 뒤를 쫓고 있는 거야!'

이러한 그녀의 불안한 생각과는 달리, 그것은 단지 곶 위의 작은 파도가 찰랑거리는 소리일 뿐이었어요. 그녀는 하늘에 뜬 희미한 별들만 바라보며 용감하게 앞으로, 또 앞으로 검은 물을 헤치고 나아갔어요.

'잠깐! 앞에 크고 검게 보이는 저게 뭐지? 거대한 바다의 괴물 타니와Taniwha[20]가 틀림없어! 괴물이 나를 잡아 저 아래 물의 동굴로 끌고 갈지도 몰라. 어떻게 도망칠 수 있을까?'

---

20 마오리 신화에서 깊은 물속에 사는 괴수로 등장하지만 때때로 사람들을 보호하는 수호자로 묘사되기도 한다.

이런 생각을 하며 그 무시무시한 검은 물체를 응시하던 그녀의 호흡은 가빠졌고 차가운 떨림이 그녀를 움켜쥐었어요. 그러나 아니었어요! 그것은 괴물이 아니라 호수 위에 떠 있는 오래된 나무 둥치일 뿐이었어요. 몸은 여전히 떨렸지만 처음의 큰 두려움은 약해진 채, 그녀는 잠시 나무 둥치에 기대어 쉬었어요. 그리고 앞으로, 다시 앞으로 나아갔어요. 너무나 오래, 너무나 멀리 헤엄을 쳐서, 그녀는 마치 여러 세대가 지나는 시간을 헤엄쳐온 것 같이 느꼈어요. 섬은 그녀가 영원히 닿지 못할 곳에 있는 것인가요? 호수의 물살이 그녀를 잘못된 방향으로 이끌고 있는 것일까요? 연인의 음악 소리마저도 들리지 않게 되자 그녀는 망연자실한 상태가 되어버렸어요. 주변의 모든 것이 너무 어둡고, 광활하고, 외로웠어요. 그래도 그녀는 여전히 때로는 침착하게, 때로는 빠르고 과감한 몸놀림으로, 때로는 박 꾸러미에 몸을 기대고서 열심히 헤엄쳐 나갔어요. 그녀의 팔다리는 지치고 추웠고, 눈은 초점을 잃지 않으려고 안간힘을 썼어요. 지나가는 구름이 드리워 깊어진 그림자조차도 그녀는 두렵게 느꼈어요.

"오 투타네! 당신의 달콤한 음악을 들을 수가 없어요! 당신은 어디에 있나요?"

히네모아는 한숨을 쉬었어요. 하지만 그녀가 이렇게 말할 때, 그가 연주하는 나팔 소리가 이전보다 훨씬 또렷하게 다시 한 번 부드러운 밤바람 위를 울려 퍼졌고, 초승달 빛은 여름 구름들 사이를 헤집고 나왔어요. 기운을 차린 용감한 히네모아는 다시 힘차게 헤엄쳐 나갔어요. 용기를 잃고서 팔도 무감각 해진 채 물 속으로 가라앉으려 했던 적이 여러 번 있었지만, 그녀는 준비해온 박 꾸러미를 이용해 쉬어가기를 반복하였고, 그렇게 한참을 헤엄치자 마침내 투타네의 음악소리는 이전보다 훨씬 더 가까이 들리기 시작했어요. 모코이아 섬의 윤곽이 점점 더 또렷해지고, 마침내 그녀는 섬의 기슭으로 부딪치는 부드러운 잔파도들의 찰랑거리는 소리를 들을 수 있었어요! 다시 그녀는 음악이 들리는 방향으로 헤엄쳐 나갔어요.

"내가 당신에게 왔어요, 오 투타네, 내가 왔어요!"

그녀의 마음은 기쁘게 뛰었어요. 이제 그녀는 섬 주변의 수풀과 나무들을 볼 수 있었어요. 그리고 그녀의 눈앞에 펼쳐진 것은 온천이 뿜어져 나오는 호수 가장자리 온탕을 빙 두르고 있는 바위들임에 틀림없었어요! 투타네가 종종 그 광경에 대해서 얘기해 줬거든요. 투타네의 음악이 이제 멈췄지만 괜찮아요. 그 음악은 길고 외로운 호수에서 그녀를 안전하게 인도해 주었는걸요. 이제 그녀는 투타네와 가까이 있었어요! 히네모아는 몹시 지쳤지만, 기쁘고 행복한 마음으로 마침내 마이키미키아Maikimikia의 온천물이 호숫가 바위들 속에서 나오는 그 온탕에 도달했어요. 이것이 그녀의 춥고 떨리는 팔다리에 얼마나 큰 원기를 불어넣어 주었는지요! 부드러운 모래 위에서 쉬며 이 반가운 온기를 느끼며 손을 이곳저곳 움직일 때마다, 따뜻한 물이 부드럽게 그녀 곁에서 장난치는 것이 얼마나 좋았는지요! 이제 투타네의 음악이 멈추었기 때문에, 그녀는 그가 오두막으로 돌아갔다는 걸 알았어요. 그녀는 자신이 이 섬에 도착한 사실을 어떻게 그에게 알릴지에 대해서 궁리했어요. 자신의 사랑을 만날 생각에 수줍은 마음이 밀려 왔어요. 한편 투타네는 아주 긴 시간 동안 나팔을 불었기에 매우 목이 말라서 그의 시종에게 조롱박을 쥐어주고서 히네모아가 도착한 온천 근처의 개울가에서 상쾌하고 시원한 물을 떠오라고 시켰어요. 히네모아는 그의 시종이 자신이 머물던 곳을 지날 때 그가 누군지 몰라서 두려워하며 남자의 걸걸한 목소리로 물었어요.

"누구를 위해서 물을 뜨고 있습니까?"

"제 주인이신 투타네 님을 위해서입니다."

그녀는 그 대답을 듣고서 기뻐서 말했어요.

"내게도 찬물을 좀 주시지요."

투타네의 시종은 그녀에게 박을 건네주었어요. 달빛은 흐렸고 그는 그녀가 여성이라는 걸 전혀 알아차리지 못했어요. 히네모아는 조롱박을 받아 물을 마시고 나서 박을 땅바닥에 떨어트려 깨트렸어요.

"아니, 왜 우리 주인님의 조롱박을 깨트리셨나요?"

시종은 화가 나서 이렇게 물었지만 히네모아는 한 마디도 대답하지 않았어요. 시종은 다른 조롱박을 가지러 다시 오두막으로 돌아갔고, 투타네는 그가 빈손으로 돌아온 것을 보고 왜 물을 가져오지 못하였는지를 물었어요. 시종은 그에게 조롱박이 깨졌다고 말했어요. 투나테는 물었어요.

"누가 깬 거지?"

"온천 욕탕에 남자 한 명이 있는데, 마실 물을 달라고 하더니 깨트렸습니다."

"다른 조롱박을 가져가서 빨리 내가 마실 물을 떠와라."

투타네의 시종은 다시 호숫가로 갔고 히네모아는 또 물을 좀 달라고 요청했어요. 여전히 목이 마르다고 말하면서요. 시종은 조롱박을 건네주었고 그녀는 이것을 다시 바위에 깨트렸어요. 그는 다시 투타네에게 돌아갔고, 또 다시 물 없이 돌아온 것을 보고 또 조롱박이 깨진 거냐고 물었어요. 시종은 그렇다고 대답했고 이번에도 온탕에 머물고 있는 사내가 그랬다고 말했어요.

"내가 가서 나를 감히 이런 식으로 대하는 자가 누군지 봐야겠다. 그를 벌주지 않고는 화가 나서 죽을 것 같아."

투타네는 이렇게 말하며, 망토를 두르고 곤봉을 손에 쥐고는 온탕으로 혼자 내려갔어요. 그는 소리쳐 불렀어요.

"감히 내 조롱박들을 깨부순 사람이 누구냐?"

하지만 누구도 대답하지 않았어요. 히네모아는 그녀의 연인의 목소리임을 알아챘고, 가슴이 기쁨으로 빠르게 뛰었지만 튀어나온 바위 아래로 부끄러운 듯이 몸을 숨기고 그가 자신을 찾을 때까지 물속에서 조용히 기다렸어요. 흐르는 여름 구름 사이로 달빛이 희미하게 비치고 있었기에 투타네는 아무것도 제대로 볼 수 없었어요. 그래서 그는 몸을 구부려 혹시 누군가 숨어있지는 않을까 생각하며 바위들 주변을 더듬어 보기 시작했어요. 히네모아는 한 번에 발견되고 싶지 않았어요. 투타네를 만나게 되는 것이 수줍었고 그래서 그녀는 더 깊숙이 몸을 감췄어요. 한참 동안을 찾던 투타네는 그녀가 있는 곳에서 가까운 바위 아래를 지날 때 그의 손이 아닌 다른 손을 느끼고 꽉 잡으며 외쳤어요,

"아! 여기 숨어 있는 게 누구지?"

"저예요."

"그러니까 당신이 누구인지 말해보세요."

투타네는 히네모아의 목소리를 알아차리지 못하고 말했어요.

"저 히네모아예요, 오 투타네!"

그녀는 숨어 있던 곳에서 나와 야생 매처럼 아름답게 물속에서 일어났고, 마치 하얀 학처럼 욕조의 가장자리로 우아하게 걸어 나왔어요. 투타네는 그녀를 따뜻한 사랑의 말들로 환영했고, 그의 망토를 그녀에게 둘러주고 그를 위해서 너무나 많은 것을 용기 있게 해낸 용감하고 아름다운 그녀를 기쁜 마음으로 자신의 오두막으로 데려왔어요. 다음날 아침, 사람들은 히네모아가 정말 투타네의 아내가 되었음을 알고 매우 기뻐했어요. 하지만 그의 형들은 화가 났고, 투타네와 히네모아가 서로 손을 잡고 오두막에서 나올 때까지는 히네모아가 그들이 경멸한 투타네를 만나기 위해 호수를 건너왔다는 사실을 믿을 수 없었어요. 그 사이 히네모아 부족사람들은 그녀의 망토를 바위 위에서 발견하고는 그녀의 아버지인 위대한 족장에게 그녀가 투타네에게 가기 위해서 호수를 건넌 것이 분명하다고 말했어요. 그는 매우 화가 났지만, 그녀를 찾으러 쫓아가지는 않았어요.

　　그 후 히네모아와 투타네는 모코이아 섬에서 행복하게 살았고, 투타네는 용감한 행동과 더불어 많은 선물을 준비하여 히네모아에 대한 커다란 사랑을 보여주었어요.

　　마오리 사람들은 히네모아의 온탕Hinemoa's bath으로 불리는, 부드러운 온천 물이 여전히 바위틈 사이로 뿜어져 나오는 그 온천탕을 볼 때면, 아름다운 모코이아 섬의 연인을 향해 로토루아 호수를 헤엄쳐 건넜던 용감하고 아름다운 히네모아의 이야기를 하곤 한답니다.

파레와 후투

옛날 옛적에 부드러운 팔다리를 가진 파레Paré the Soft-Limbed라고 불리는 여자 족장이 있었어요. 그녀는 아름다웠고 신분도 높았기에, 그 누구도 감히 그녀에게 사랑의 말로 다가갈 수 없었어요. 그녀는 마을 사람들과 떨어져서 그녀의 하녀들과 함께 큰 오두막에서 살았어요. 신들로부터 직접 기술을 배워온 나이든 족장들이 훌륭한 재주와 풍부한 경험으로 짓고 장식한 오두막집이었어요.

대들보와 기둥은 멋스러웠으며 색다르게 지어졌고, 높이 솟은 천장은 갈대로 두툽게 덮여있었답니다. 집 안은 희귀한 관목과 이끼들에서 나오는 향으로 달콤했어요. 알록달록한 색깔로 테두리를 장식한 커다란 카펫이 점토로 된 마룻바닥 위에 놓여있었어요. 파레 자신이 걸칠 깃털과 개가죽으로 만든 작은 옷들은 오두막 양 옆에 걸려 있었고, 그 사이사이로 마른 아마 잎과 갈대가 서로 엮여서 예쁜 무늬 결을 이루는 안감이 보였어요.

파레는 키가 크고 날씬했어요. 그녀가 후이아새Huia[21]의 진귀한 꼬리깃털을 머리에 꽂고 부드러운 팔다리를 감싸는 아름다운 망토를 두르면 아주 위엄 있고 우아하게 보였어요. 그녀의 긴 머리카락은 마치 목도리꿀빨새의 날개처럼 검고 윤기가 흘렀으며, 숱이 많은 앞머리는 넓은 이마 위에 부드럽게 내려앉았어요. 그녀 귀에 꽂혀 있는 알바트로스새의 보송보송한 깃털이 깨끗한 갈색 살결 위에서 하얀 크림색으로 빛났어요. 열정적이고 충동적인 크고 검은 눈은 기쁨으로 깜빡였지만, 때로는 전쟁에서 용감한 행위에 대한 이야기를 듣고서 눈물 속에서 헤엄치기도 했어요. 그녀의 얼굴에는 문신이 정교하게 새겨져 있었지만, 그것이 입술과 턱의 곡선미와 부드러운 미소를 가릴 순 없었지요.

파레의 집을 둘러싸고 있는 울타리 안에는 커다란 창고가 있었어요. 죽은 자들이 서쪽 영혼의 땅으로 가는 길에 이 창고를 지나가서 음식이 상하게 되는 일이 없도록, 조심스럽게 북쪽과 남쪽 방향에 세워졌어요. 훌륭한 여자 족장 파레는 신성한 존재였기 때문에 직접 음식을

---

[21] 후이아새는 지금은 멸종하였으나 오랫동안 뉴질랜드에서 서식한 참새목 와틀과에 속하는 새이다. 부리 옆으로 주홍색 뺨이 특징적이고 긴 다리와 길고 예쁜 꼬리깃털을 뽐내었다. 마오리 사람들이 장식 등의 목적으로 많이 포획하였다.

요리하거나 바로 먹어서는 안 되었어요. 그래서 파레가 거느린 하녀들 중 한 명이 파레가 먹을 음식을 요리하여 먼저 다른 하녀에게 건네주고, 그 하녀가 또 다른 하녀에게 그것을 전해준 뒤에야, 세 번째 하녀가 파레에게 음식을 올릴 수 있었지요.

사람들의 마음은 그녀를 향한 사랑으로 가득 차 있었어요. 그들은 방방곡곡에 소문난 그녀의 아름다움을 자랑스러워했어요. 나라 전체에 그녀의 아름다움에 대한 소문이 퍼져 있었기 때문에 많은 족장들이 파레를 아내로 삼고 싶어 했어요. 하지만 그녀의 부족사람들은 다른 마을의 족장들 중 파레만큼 지위가 높은 자는 아무도 없다고 생각했고, 파레 역시 누구에게도 마음을 주지 않았어요.

"인내하고, 용감하고, 강해지세요, 내 백성들이여. 그리하면 그대들은 살 것입니다." 전쟁 중에 파레는 이렇게 전사들의 사기를 북돋아 주었어요. 평화로운 시기에는 젊은 전사들이 늠름하게 훈련에 전념하였고, 파레는 오두막에서 나와 그들을 지켜보곤 했어요. 그녀는 종종 정교한 조각들이 새겨진 튼튼한 기둥에 기대어 그들을 지켜보았는데, 젊은 전사가 기술이나 힘을 훌륭하게 보여주었을 때 그녀의 얼굴은 기쁨으로 빛났어요. 그 때 그녀가 한 칭찬의 말들은 아주 값지게 여겨졌답니다. 어느 여름 날, 잘생긴 족장 한 사람이 이 마을의 운동 경기에 참여하기 위해서 멀리서 찾아왔어요. 건장한 체격과 위엄 있는 태도를 가진 그는 팔다리가 튼튼하고 근육질이었으며, 눈은 지칠 줄 모르는 기상으로 빛났어요. 그가 경기에 출전하려고 나왔을 때, 파레는 경기를 보려고 그녀의 집 밖으로 나왔어요. 그 낯선 전사는 모든 참가자와 그녀 부족의 모든 사람들을 다 이겼고, 그 누구도 레슬링에서 그를 이기거나 경주에서 앞서가지 못했어요. 그는 파레가 아름다운 미소를 지으며 자신을 인정하는 눈길을 보내주길 원했어요. 파레를 본 그의 가슴은 그녀에 대한 사랑으로 두근거렸지만, 그는 감히 어떠한 사랑의 말도 그녀에게 전할 수 없었어요. 그녀는 마치 여름 저녁의 아름다운 별과 같아서 그를 비추는 그녀의 영광은 저 먼 곳에서 빛날 수밖에 없었어요.

하루는 파레가 그녀의 전사들에게 말했어요.

"그 때 본 그 낯선 족장의 이름을 알려줄 수 있나요?"

그들은 이렇게 대답했어요.

"사람들은 그를 말없는 후투Hutu the Silent One라고 불러요. 그는 창을 잘 다루는 전사이고, 전쟁 때나 평화로운 때나 늘 뛰어난 사람이지요."

파레는 그들의 말을 한참 동안 생각했어요. 그렇게 며칠이 지난 뒤 말없는 후투는 점차 그녀의 마음속에 자리하게 되었어요.

어느 날 저녁, 니티를 하고 있을 때, 후투가 던진 아마줄기가 파레의 발 가까이에 떨어졌어요. 그녀는 그 아마줄기를 응시하다가 몸을 구부려서 그것을 주웠어요, 그런 다음 빛처럼 빠르게 집으로 들어가 문을 닫아버렸어요.

후투는 파레가 그렇게 사라지자 그곳에 서서 한참을 머뭇거리다가 용기를 내어 그녀의 집 문을 두드렸어요.

"파레님, 제 아마줄기를 돌려주시지 않을래요?"

하지만 파레는 거절하고 문을 열어주지 않았어요. 그러자 후투는 다시 한 번 문을 두드리면서 아마줄기를 돌려달라고 부탁했어요. 파레는 문 가까이에 다가와서 말했어요.

"집으로 들어오세요. 당신이랑 얘기할 수 있게."

하지만 후투는 대답했어요.

"부드러운 팔다리를 가진 파레님, 저는 당신 부족사람이 아닌 이방인입니다. 당신의 지붕 밑으로 들어오라고 하지 마세요. 당신 부족사람들이 제게 바로 복수를 할지도 몰라요. 당신께서는 저보다 훨씬 지위가 높으신 걸요. 저는 감히 눈을 들어 당신을 바라볼 수가 없어요, 오 위대한 족장님."

그러나 파레는 다시 조용히 같은 말을 반복했어요.

"집으로 들어오셔서 저와 얘기하세요. 그리고 저는 당신을 사랑해요, 오 후투."

이렇게 덧붙일 때 그녀의 심장이 뛰었고 그녀의 검은 눈은 기쁨으로 반짝였어요.

후투의 심장은 기쁨으로 뛰었지만, 그는 다시 이렇게 대답했어요.

"제가 당신의 집에 들어가서 부족사람들을 화나게 해서는 안돼요. 저는 이방인이고 당신 부족사람들은 이 땅의 매우 위대한 분들이죠. 저는 모든 이들이 찬양하는 당신의 아름다움을 바라보려고 왔을 뿐, 이제 당신을 보았으니 저는 떠나야만 해요."

그러자 파레가 대답했어요.

"당신은 창을 잘 던지기로 유명한 사람이 아니던가요? 엄청나게 강한 힘을 가진 족장님이 아닌가요? 후투, 당신은 강한 팔과 빠른 걸음을 가진 사람이에요. 당신이 제게 사랑의 말을 할 수 없다는 건 알아요. 하지만 당신은 제 사랑이에요. 어서 집으로 들어오세요."

그러나 후투는 여전히 그녀의 말을 들으려 하지 않았어요. 그의 영혼은 그녀를 향한 넘치는 열망으로 이미 그녀 가까이로 다가갔지만요. 그는 마음의 고통이 너무 심해서 얼굴을 돌렸고, 작별인사도 하지 않은 채 그녀를 떠났어요. 어둠이 땅 위에 내렸을 때 후투는 슬픔으로 영혼이 무거워진 채 멀리 자신의 고향으로 떠났어요.

후투가 작별의 표정이나 말도 없이 정말 떠나버렸다는 걸 알게 된 파레는 비탄에 빠졌어요. 그녀는 너무 괴로워서 더 이상 예전처럼 사람들 사이를 돌아다니지 않았어요. 더 이상은 햇빛도, 달콤한 고사리와 시원한 숲 속을 거니는 일도 좋아하지 않게 되었어요. 그녀의 부족사람들은 그녀가 빛나는 호수 위를 강한 팔로 노 저으며 타곤 하던 카누를 헛되이 바라볼 수밖에 없었어요.

파레는 오두막에 자신을 가두고 난롯불 옆에 앉아 조용히 생각에 잠겼어요. 깊은 한숨을 내쉬며 눈을 들어 천장을 볼 때, 기둥 위에 새겨진 엄숙한 조각상 머리가 씩 웃으며 자신의 외로움과 슬픔을 조롱하는 듯했어요.

많은 날들이 지났지만 후투는 여전히 돌아오지 않았어요. 그가 사람을 보내서 다정한 말이나 작별의 인사를 전하지도 않았다는 사실에 파레는 너무 슬퍼서 아무것도 먹을 수 없었어요. 파레가 하녀들에게 조차 아무 말도 하지 않자 그들은 어쩔 줄 몰라 했어요.

어느 날 저녁, 태양이 언덕 너머로 지고 어둠이 빠른 걸음으로 땅 위에 내렸을 때, 파레는 마침내 하녀들에게 말했어요.

"집을 깨끗이 정돈해주렴. 다른 사람들에겐 아무 말도 하지 말고 나를 조용히 내버려둬. 그리고 너희들은 다른 곳으로 가서 지내도록 해."

하녀들은 감히 이유를 묻지도 못하고 파레가 시키는 말을 듣자마자 바로 집을 정돈하고는 그녀를 홀로 두고 떠났어요. 그러나 그들은 파레가 후투를 얼마나 사랑하는지, 그리고 후투가 갑자기 떠난 후 얼마나 큰 고통을 느껴 왔는지 알고 있었기 때문에 마음이 무거웠어요. 하녀들이 떠나자 파레는 문을 닫았어요. 그러고는 절망에 가득 차서, 그녀의 집 기둥에 밧줄로 목매어 죽었어요. 그녀의 영혼은 영혼들의 땅으로 떠났어요.

아침이 오고 사람들이 파레가 죽었다는 사실을 알게 되자, 크고 긴 울음소리가 고요한 공기 위로 올라갔어요. 파레의 하녀들이 후투에 대한 파레의 슬픈 사랑 이야기를 부족사람들에게 전하자, 그들은 화가 나서 소리쳤어요.

"후투는 죽어야 해! 후투는 죽어야 해! 후투 때문에 파레님이 죽었어."

그들은 젊고 날쌘 남자들을 선택해서 후투를 데리고 오도록 했어요.

슬픔에 잠겨 흐느끼던 마을여인들은 파레의 시신을 부드럽게 그녀의 깃털 옷으로 감싸고 모두가 그녀를 볼 수 있도록 집 안에 뉘었어요. 파레의 장례 의식을 위해서 많은 이들이 모여들었어요.

"잘 가세요, 오 부드러운 팔다리의 파레여. 당신은 떠났고, 이제 우리 가운데서 당신의 아름다움과 달콤한 목소리를 더 이상 느낄 수 없게 되었네요. 당신의 인생은 몰아치는 바람을 맞는 꽃의 삶처럼 짧았네요. 하지만 당신의 말은 언제나 친절과 지혜로 가득했어요. 오 부드러운 팔다리의 파레여, 잘 가세요. 잘 가세요!"

부족의 가장 훌륭한 전사는 창을 들고 파레의 집을 앞뒤로 왔다 갔다 달리며 이렇게 노래했습니다. 사람들이 서로의 코를 비비며 흐느낄 때 그들의 통곡 소리는 커졌다가 잦아들었어요. 하녀들은 파레의 머리카락을 주홍 색 꽃잎과 에본 후이아의 하얀 꼬리 깃털로 장식했어요. 그녀를 향한 하녀들의 애통한 마음이 주변을 가득 채웠어요.

오 아름다운 파레님, 당신은 말이 없으시네요.
빠르게 굽이치는 강 위로 영원히 떠나버리시다니!
저희에게 다시 돌아오실 순 없나요!
그 침묵의 땅에서 돌아오실 수 없나요!

사람들은 죽은 파레 곁을 지키는 신성한 소녀들 앞에 음식을 놓았어요. 음식의 일부는 머나먼 영혼의 땅으로 여행을 떠날 파레를 위해 그녀 곁에 놓여 졌어요.

어린 달이 높이 떠오르자, 그 소녀들은 이런 시간이면 얼마나 자주 파레가 자신들과 기쁘게 대화했는지, 반짝이는 호수의 부드러운 물에서 목욕을 하곤 했는지 떠올렸어요. 그들은 동정심 가득한 슬픔에 빠져 서로의 코를 비비며 위로했고, 그들이 울 때 커다란 눈물방울이 떨어져 내렸어요.

당신은 괜찮겠죠 달님!
당신은 죽음으로부터 돌아오잖아요.
당신은 괜찮겠죠!
하지만 이 땅의 죽은 자는 돌아오지 않아요.

더 이상은! 더 이상은!

그들은 슬퍼 울면서 파레의 시신을 깊은 숲 속으로 옮겨 높은 나무로 된 단 위에 뉘이고 마지막 장례의식을 기다렸어요.

그동안 후투를 잡으러 간 사람들은 후투를 그의 집에서부터 그리 멀지 않은 곳에서 찾았고, 그에게 파레가 죽은 사실을 알리면서 자신들의 마을로 함께 가야 한다고 말했어요.

그들이 그렇게 말했을 때 후투는 아무것도 묻지 않고 그들을 따라갔어요. 그의 얼굴은 예기치 못한 슬픔으로 굳었어요. 전사들은 후투에게 물었어요.

"부드러운 팔다리의 파레를 보러 가겠습니까?"

후투는 대답했어요.

"아니요. 제가 왜 그녀의 시신을 보아야 하죠? 그녀의 영혼은 거기에서 이미 떠났는데요."

그가 파레의 집에 도착하자, 사람들은 그의 슬픔을 보고도 여전히 마음을 바꾸지 않은 채 계속해서 "후투는 죽어야 마땅해!"라고 말을 반복할 뿐이었어요.

"그렇게 말하는 게 당연해요, 그녀를 사랑한 사람들이여! 하지만 저도 아름다운 파레를 사랑했어요. 비록 침묵 속에서였지만요. 그녀는 저 여름의 별 레후아Rehua[22]처럼 위대했죠. 이제 그녀는 영혼의 땅으로

---

[22] 레후아는 마오리 신화에서 랑이와 파파의 아들로 알려져 있으며, 매우 신성한 별로서 하늘의 가장 높은 곳에 살기 때문에 스스로 죽음에서 멀리 떨어져 있으며 죽은 자를 살리거나

가버렸네요. 그렇지만 저의 크나큰 사랑의 힘으로 그녀가 돌아올 수 있을지도 몰라요. 제 말을 들으세요. 저를 떠나게 놔두세요. 삼일 뒤에 돌아오겠습니다. 그 때 만약 파레가 저와 함께 있지 않다면, 그땐 당신들이 제게 하려고 한 대로 하십시오."

후투는 그렇게 말했고 사람들은 그의 말에 기뻐하며 그가 그들 사이를 가로질러 영혼의 땅이 있는 서쪽으로 갈 수 있도록 해주었어요.

파레의 마을 뒤 깊은 숲속에 도달했을 때 후투는 신들에게 기도했고 제사장들이 죽은 자의 혼령을 떠나보낼 때 사용하는 주문을 반복했어요.

그러고 나서 그는 떠나간 영혼들이 밟은 길을 따라갔어요. 그는 영혼들이 긴 잔디에 묶어 놓은 매듭들을 보고서 그들이 함께 갈 이들이 모일 때까지 기다리는 바위들이 있는 곳으로 가는 길을 알 수 있었어요. 후투는 그곳에서 파레를 만날 수 있기를 바랐지만 위대한 여족장인 그녀는 혼자서 재빠르게 먼저 가버린 뒤였어요. 그래서 후투는 죽음의 여신인 히네가 머무는 곳에 찾아가서 말했어요.

"오 여신님이시여, 저는 영혼의 땅으로 떠난 소중한 사람을 찾기 위해서 왔습니다. 그곳으로 가는 길을 알려주시길 빕니다."

그렇게 말하고, 후투는 히네에게 녹암으로 만든 귀한 곤봉을 바쳤어요.

여신은 기뻐하며 바위들 틈 사이로 나 있는 길을 보여주고 빻은 고

병을 고치는 등의 능력을 가지고 있다고 여겨진다.

사리 뿌리를 후투에게 주며 이렇게 말했어요.

"이걸 가지고 가렴. 산 사람은 절대로 죽은 자들의 땅에서 건네진 음식을 먹으면 안 돼. 만약 먹으면 영영 돌아올 수 없게 돼. 머리를 발쪽으로 완전히 숙이고, 겁먹지 말고 이 동굴로 들어가렴. 네가 빠르게 내려가면 센 바람이 네 위에서 불어올 것이고 너는 영혼의 세계로 가게 될 거야."

후투는 여신이 시키는 대로 했어요. 그의 영혼은 용기와 힘으로 가득했기에 그는 죽은 자들의 어둑한 땅으로 가는 것이 무섭지 않았어요. 어떤 새도 노래하지 않고 어떤 곤충도 돌아다니지 않는 굵은 나무 사이로 헤매다가 마침내 많은 사람들이 있는 광장에 이르렀어요. 나무들 아래로 지상의 집과 비슷한 모습의 집들이 있었어요. 그는 젊은 남자와 소녀들이 함께 놀이하는 것을 보았어요. 몇몇 노인들이 먹고 마시며 후투에게도 음식을 권했지만 여신 히네의 경고를 기억한 후투는 아무것도 먹지 않고 파레를 찾으러 갔어요. 그는 계속해서 찾아 헤매었지만 그녀를 찾지 못했어요. 그래서 다시 사람들이 모여 있는 곳으로 돌아와서 사람들에게 아름다운 파레를 본적이 있는지 물었어요.

"네, 본 적이 있죠. 하지만 파레님은 침묵 속에만 살고 온통 수심에 잠겨있어요. 우리와 이야기하지 않고 즐거운 놀이에도 참여하지 않아요. 항상 문을 꼭 닫은 채 집에만 계시지요."

그러자 후투는 파레가 그토록 좋아하던 지상에서의 시합들을 생각했어요. 그는 몇몇 젊은이에게 그와 함께 니티와 채로 치는 팽이 시합을 하자고 제안했어요. 후투는 모든 청년들보다 뛰어난 경기를 펼쳤어요. 그가 지상에서 했던 것보다도 더 뛰어난 모습을 보여 구경꾼들은 모두 감탄을 금치 못했어요. 하지만 파레는 그들이 갈채를 보낸 대상이 후투라는 것을 알지 못하고 문밖으로 나가지 않았어요. 후투의 마음에는 고통의 먹구름이 드리웠어요. 후투는 다른 계획을 생각해냈어요. 그는 사람들에게 말했어요.

"제가 새로운 놀이를 알려드릴게요. 저한테 튼튼하고 키가 크지만 쉽게 구부러지는 나무를 하나 가져다주세요."

사람들이 나무를 가져오자 그는 가지를 치고 나서 말했어요.

"이제 이 나무를 이 광장에 세우고 튼튼하게 꼰 밧줄들을 가져다주세요."

후투는 그가 부탁한 모든 것이 준비되자 밧줄을 나무 꼭대기에 단단히 매고 사람들에게 나무가 땅으로 완전히 휠 때까지 줄을 당기라고 했어요. 그러고는 나무 꼭대기에 앉아 한 남자에게 그의 허리 위에 앉아서 자신을 꽉 잡으라고 했어요. 그런 다음 후투는 큰소리로 "줄을 놓으세요!"라고 외쳤고 팽팽하게 당겨져 있던 나무가 후투와 남자를 태우고 튕겨나갔어요. 여러 번 이 놀이가 반복되었고 사람들은 소리쳤고 무척 즐거워했어요. 기쁨의 외침과 그의 음성이 집 안에 있던 파레의 귀에까지 닿았고 파레는 마침내 집에서 나왔어요. 사람들 사이에 후투가 있는 걸 발견하자마자 그녀는 모든 것을 잊고 오로지 그를 다시 보게 된 기쁨만 가득하여 미소 띤 얼굴로 놀이를 지켜보았어요. 후투가 파레를 그 곳에서 다시 보았을 때, 그의 가슴은 마치 강한 새의 날갯짓처럼 빠르게 뛰었어요. 그녀를 자신의 팔로 꼭 붙들고 다시 햇살과 생명의 세계로 데려가고 싶은 달콤한 열망이 그를 가득 채웠어요. 하지만 사람들이 이러한 그의 소망을 알아차리고서 그녀를 데려가지 못하게 할까

봐 두려워 그는 그녀에게 인사도 하지 못한 채 가만히 침묵하고 있었어요. 많은 사람들이 후투가 만든 그네를 타는 것을 본 뒤, 파레는 조용히 무리 사이를 가로 질러서 후투에게 다가와 말했어요.

"나도 이 그네에 태워주세요."

후투는 너무나 기뻐서 대답했어요.

"어서 오세요."

그들이 나무 위에 앉았을 때 후투는 말했어요.

"제 등을 아주 꽉 잡으세요. 무척 빠르고 높이 올라가니까요."

그러고 나서 그는 큰소리로 외쳤어요.

"밧줄을 놓으세요."

그러자 사람들은 단번에 잡고 있던 줄을 놓았어요. 나무가 공중으로 너무나 세게 홱 잡아당겨지며 올라가서 밧줄이 감겨있던 사람들의 손에서 완전히 빠져나가고 끝 부분도 너무 높게 날아가서 지상으로 연결되는 길의 입구 주위를 둘러싼 덩굴식물들 위에 휘감겼어요.

"꼭 잡으세요, 파레님."

후투가 낮은 목소리로 말했어요.

파레는 팔을 후투의 허리에 둘렀고 파레 손의 접촉이 느껴지자 후투의 맥박이 빨라지며 힘과 용기가 솟구쳤어요. 그는 파레를 업은 채로 밧줄을 꽉 잡고 몸을 솟구어 밧줄을 타고 올라가 강한 덩굴과 나뭇가지를 잡은 뒤 그 자신과 파레를 빛과 사랑의 인간세상으로 당겨 올렸어요.

파레는 다시 한 번 아름다운 지상의 꽃들을 볼 수 있게 되어 너무나 기뻤어요. 그리고 마치 물속에서 헤엄치며 거센 파도에 오랫동안 세차게 부딪히던 사람들이 땅을 보고 반가워하듯이 자신의 고향에 돌아온 것을 기뻐하였어요. 그녀가 돌아온 것을 본 부족사람들은 그녀가 후투의 손을 잡고 자랑스럽게 서 있는 것을 보고는 너무나 기뻐 소리쳤어요.

"파레님은 당신의 여인이에요! 파레님은 당신의 여인이에요! 당신의 위대한 사랑이 그녀를 영혼의 세계에서 다시 이 땅으로 데려왔어요."

파레는 달콤한 향이 나는 예쁜 상자에서 후이아 새의 아름다운 깃털을 꺼내어 자랑스러운 눈길로 후투의 머리에 꽂았어요.

그러자 후투가 말했어요.

"제 마음은 너무나 기쁩니다, 오 여러분, 당신들의 족장님께서 제게 자비롭게 웃어주시지 않았나요? 그리고 저는 '말없는' 후투로 알려져 있긴 하지만 모든 말을 능가하는 사랑으로 그녀를 사랑합니다. 하지만 제게는 고향에서 저를 기다리는 아내가 있습니다. 제가 가서 그녀를 당신들에게로 데려올까요, 아니면 부드러운 팔다리의 파레와 함께 제가 저의 고향으로 가는 것이 좋을까요?"

사람들은 소리쳤습니다.

"그 사람을 여기로 데려와요! 우리는 그녀를 환영해요! 여기서 파레님과 더불어 저희와 함께 머물러요. 오 후투여, 당신은 파레님과 우리의 마음을 모두 얻었어요. 환영해요, 말없는 후투!"

그들의 말에 파레의 눈은 행복으로 빛났고 그녀는 그녀의 남편이 된 후투의 손을 계속 잡고 있었어요.

그리고 후투는 그때부터 '파레-후투', 혹은 깃털pare을 가진 말없는 자로 불리게 되었어요. 후투는 파레와 함께 그녀의 집으로 들어갔고, 축제와 잔치가 여러 날 동안 계속되었답니다.

5

후이아와
낚시 그물 이야기

　"오 나의 전사들이여! 그대들의 족장이 하는 말을 잘 새겨들으시오! 위대한 신 쿠오Kuo[23]가 검은 장막으로 세상을 감싼 오늘 밤, 나는 환상을 보았소. 이 환상에서 우리 부족은 그 어떤 부족보다 더 위대하고 더 번영했소. 환상에서 한 음성이 내게 '가라, 족장이여, 뉴질랜드의 먼 북쪽 땅으로! 그 곳에서 너는 네 부족민들에게 내려진 축복을 받고 요긴

---

[23] 마오리 신화에서 쿠오는 밤의 신이다.

한 것을 얻을 수 있을 것이다. 가되, 네 수하들과 가지 말고, 혼자서 가라고 말했소."

훌륭한 전쟁 지도자인 후이아Huia가 말을 멈추고 난 뒤 짧은 시간 동안, 모인 사람들 사이에서 침묵이 감돌았어요. 잠시 후 침묵을 깨고 커다란 외침이 일어났어요.

"혼자 가시면 안 됩니다! 혼자는 안돼요, 오 족장님!"

나이든 한 전사가 크게 울부짖었습니다.

"내가 족장님과 함께 가겠소."

"저도요!"

"저도요!"

"저도요!"

다른 전사들도 따라 외쳤습니다. 하지만 후이아 족장은 녹암으로 된, 여름 바다만큼 푸르고 맑은 곤봉을 높이 들고 크고 결단력 있는 목소리로 말했어요.

"안 되오, 전사들이여. 그대들 중 누구도 따라와서는 안 되오. 나는 홀로 가야만 하오. 그렇게 분명히 말했소."

그리고 나서 후이아 족장은 위풍당당하게 사람들 사이를 지나 자신의 집으로 갔어요.

후이아 족장이 집으로 가자, 부족의 예언자인 쭈글쭈글한 노파가 중얼거렸어요.

"아아, 반드시 혼자여야 해."

하지만 큰 소란 때문에, 사람들은 노파의 말을 듣지 못했어요. 전사들이 회의를 했고, 후이아 족장이 혼자서 몰래 떠나지 않도록 감시해야 한다는 것에 모두 동의했어요. 그들은 족장을 사랑했고, 그에게 안 좋은 일이 닥칠까봐 두려워했어요. 후이아는 그들이 너무나 가까이에서 자신을 지켜보았기 때문에 낮에도 밤에도 혼자서 떠나는 것이 불가능하다는 것을 깨달았어요. 그렇게 몇 주가 지나갔고 후이아는 더 이상 그 환상이나 약속된 축복을 좇는 것에 대해서 얘기하지 않았어요. 부족민들은 그가 환상에 대해서 잊어버렸다고 생각했지만 사실은 그렇지 않았어요. 그는 때가 올 때까지 조용히 침묵 속에서 잠을 자고 있는 것일 뿐이었어요.

호수의 가장자리에는 화려하고 기묘하게 조각된 사당이 있었는데, 이곳의 기둥들에 칠해진 앞으로 튀어나온 커다란 혀와 조개껍데기 눈들은 흉측하게 웃고 있었어요. 이 사당에서 사람들은 저녁 때 종종 즐겁게 만나 전쟁 공적에 대해서 대화하기도 하고, 옛날이야기를 하기도 했어요. 어느 날 밤, 그들은 한데 모여서, 높은 합창 소리에 맞추어 전승 기념 춤인 하카춤을 추고 있었어요. 혀를 앞으로 내밀고 눈알을 굴리는 긴 행렬의 전사들은 제복을 입고 창을 하늘 높이 휘두르면서 앞 뒤로 몸을 흔들고, 맹렬한 몸짓으로 뛰며 발을 쿵쿵 굴렀어요. 후이아 족장은 그들 속에서 누구보다도 더한 힘과 민첩함으로 하카춤을 추었답니다. 밤이 깊어지자 그는 춤추는 무리에서 빠져 나와 문가에 누워 깃털 이불로 자신의 몸을 덮고 잠을 청했어요. 하카춤은 계속해서 이어졌어요. 얼마 후, 후이아 족장은 갑자기 벌떡 일어서더니 외쳤어요.

"같은 환상이야! 나는 그 축복을 찾아 떠나야만 해! 반드시 혼자서!"

춤추는 전사들의 흥분된 소리가 너무 커서 후이아의 말은 전사들에게 들리지 않았어요. 후이아는 사람들에게 발견되지 않고 문 밖으로 빠져 나와 어둠 속으로 사라졌어요.

후이아가 사라졌다는 것을 발견했을 때의 혼란은 실로 대단했어요. 아침이 밝자 사람들은 후이아의 발자국을 쫓아가려고 시도했으나 실패했어요. 그는 마른 고사리 땅 위를 지나간 것이 틀림없었어요. 전사들은 항상 후이아 곁을 지키고 시중을 들어온 두 노예에게 그가 간 길을 찾으라고 명령했고, 길을 찾고 나면 후이아를 따라가고 위험으로부터 보호하되 그가 그들을 보지는 못하게 해야 한다고 말했어요.

두 노예는 그들의 주인인 위대한 전쟁 지도자 후이아를 사랑했기 때문에 주어진 임무에 적극적으로 임하였어요.

오랜 탐색 끝에 그들은 깊은 숲 속의 늪 같은 땅에서 후이아의 발자국을 찾아냈고, 발에 밟힌 고사리 잎들과 부러진 나뭇가지들을 따라 그를 추적해 나갔어요. 그들은 마침내 후이아를 발견했어요. 그러나 그가 자신들을 보지 못하게 하려고 계속 거리를 두고 따라갔어요.

손에 창을 든 후이아는 낮의 긴 시간 동안 외로운 여정을 이어나갔고 밤에도 길잡이 별인 타키아라 빛의 인도에 따라 계속해서 걸어가곤 했어요. 거의 한 달간을 그렇게 여행하고 나자 후이아는 지치기 시작했고, 그 먼 테-이카-아-마우이의 북쪽의 약속된 축복은 여전히 너무 멀리 있는 것만 같았어요. 그에게는 이야기를 나눌 어떤 사람도 없었고, 길은 삭막했으며, 기력을 유지할 음식도 충분하지 않았어요. 그는 새와 열매들이 있는 숲도, 부드러운 야자나무 잎들이 있는 야자수 일대도 지나왔어요. 그렇게 긴 여정에 이제는 고사리 잎들마저 보이지 않기 시작했어요. 그의 앞에는 오로지 모래 불모지와 길고 마른 풀로 덮인 작은 언덕

만이 펼쳐져 있었어요. 밝은 별빛이 빛나는 어느 날 밤, 해안으로 부서지는 파도소리를 통해 그는 자신이 드디어 북쪽 끝 지역에 도착했음을 알게 되었어요. 파도소리를 들은 그는 기운을 회복 해 모래 언덕 위를 걸었고 마침내 그의 앞에는 갖가지 풍경을 펼치는 굉장히 아름다운 바다가 나타났어요. 멋진 곡선의 만이 두 절벽을 따라 뻗어 있었고, 길고 구불구불한 거품 선들이 모래를 따라 경주하고 있었어요. 그는 드디어 목적지에 도착했고, 자부심에 머리를 높이 들어 주변을 응시했어요.

하지만 약속된 축복은 어디에 있는 걸까요? 아아! 모든 것은 조용했고, 적막했어요. 별빛 속에는 야생짐승의 소리나 하얀 날개의 반짝임조차도 없었어요.

'기다려야겠군.'

후이아는 조용히 결단을 내렸어요. 그는 완전히 지쳐서 커다란 아마 덤불 가운데에 누웠고, 높이 서 있는 잎들의 무리가 완전히 그를 감싸서 머리 위 별들 외에는 아무것도 볼 수 없었어요. 이곳에서 후이아는 깊은 잠에 빠져들었어요.

몇 시간이 흐르고 후이아는 그 어떤 소리보다도 더 부드럽고 달콤한 음악소리에 깨어났어요. 꿈을 꾸고 있었던 걸까요? 눈을 비벼 하늘 위의 별 무리를 보았을 때, 달은 하늘 높이 떠올라 있었어요. 음악은 계속 되었고, 점점 더 선명해지고 가까워지는 것 같았어요.

'밤의 환상인 걸까 아니면 내가 정말 깨어있는 걸까?' 후이아는 생각했어요. 그것을 알아보기 위해서 자신을 꼬집어보았어요. 여전히 음악은 계속되었어요. 후이아는 일어나서 잎으로 된 안식처 사이로 밖을 내다보았어요. 그가 누운 곳 근처의 물 위로 달의 경로를 따라 흰 피부의 아주 작은 사람들이 수 없이 많은 자그마한 카누들을 타고서 다가오는 것이 보였어요. 그들은 해안 가까이로 노를 저어 오면서 노래를 부르고 있었어요. 곧 그들은 해안에 도착해 카누를 멈추고 모래 위로 올라왔어요. 마치 빛줄기들이 바다 기슭에서 뛰놀듯 그들은 작고 어여쁜 모습으로 긴 노랑머리를 흩날리며 모래 위를 뛰어다니고 춤추기 시작했어요.

'요정들임이 분명해!'

후이아는 요정들에 대해 자주 들어왔었고 그의 마음은 그들로 인해 환희에 가득 찼어요. 요정을 보는 것은 행운을 의미했기 때문이에요. 하지만 그들이 인간을 보면 겁을 먹고 도망칠 것임을 알았기에 그는 계속해서 숨어있어야 했어요.

후이아는 그 작은이들 중 두 무리가 물에 무언가를 치고 있는 것을 눈치 챘어요. 그들이 해안으로 가까이 올수록 그것이 점차 펼쳐졌어요. 그것은 그물이었어요. 하지만 후이아는 한 번도 그것을 본적이 없었어요. 그물치기 기술은 후이아가 속한 땅의 사람들에게는 알려져 있지 않은 것이었어요. 그는 그들이 정말 요정들이라는 것을 알게 되었어요. 그들이 그물을 해안으로 끌어당기자, 수많은 크고 작은 물고기들이 그물에 둘러싸여 얕은 물 위를 뛰어올랐고, 그 작은 물고기들의 밝은 비늘은 달빛에 반짝반짝 빛을 내고 있었어요. 후이아는 이 새로운 광경에 놀라움을 금치 못했고, 그의 은신처 안에서 그 광경을 응시하면서 아마 잎을 조심스럽게 벌렸어요. 그는 저토록 많은 물고기를 고리도 바늘도 줄도 없이 잡은 그 희한한 물건이 무엇인지 점점 더 궁금해졌어요. 아, 저 정도의 물고기면 그의 부족사람들이 며칠은 먹을 수 있을 거예요!

그물이 더 높이 끌어올려지자 물고기들은 더 세차게 뛰어올랐고, 그 작은 요정들이 미끄럽고 빛나는 포로들을 잡아 서로에게, 또는 카누 안으로 던질 때 그들에게서 부드러우면서도 왁자하게 터지는 웃음소리가 일었어요. 그 때 갑자기 팔에 바구니를 들고 있는 한 예쁘고 어린 요정이 그들 무리의 한 사내가 자신을 뒤쫓아 따라다니자 나머지 무리로부터 뛰어나왔어요. 소녀가 모래를 뛰어다니자 소녀의 웃음소리는 공기 중에 마치 은종처럼 울렸어요. 소녀는 재빠르게 모래 언덕 위로 올라와 아마 덤불의 그림자에 이르러 후이아가 숨어 있는 바로 그곳 옆으로 몸을 던져 자신을 숨겼어요. '정말 예쁜, 하얗고 환한 소녀구나!' 소녀의 금색 머리카락과 빛나는 눈, 바다에서 튀어 오른 물방울에 젖은 예쁜 다리를 보며 후이아는 생각했어요. '분명히 소녀는 바다 거품이 이는 노란 해안에서 태어났을 거야!' 그는 소녀가 누워서 모래 위의 광경을 바라볼 때 그녀의 즐거운 표정을 잎들 사이로 볼 수 있었어요. 얼마나 황홀한 광경인지! 그곳은 웃음과 기쁨으로 가득 찬 것 같았어요. 어디에나 밝게 빛나는 달빛이 해안가를 비추었어요. 반짝이는 모래알, 반짝이는 물, 요정들이 여기저기 돌아다니며 반짝이는 물고기들을 모을 때 요정들 위에서 춤추는 물고기의 다이아몬드 빛이 너무나 아름다웠어요. 수많은 비늘들이 무지개 색으로 얼마나 찬란하게 반짝이던지! 아름답게 계속되는 요정들의 움직임이 눈을 황홀하게 했고, 그들이 부르는 은빛 기쁨의 노래는 귀를 매혹시켰어요. 덤불 저편 해안가에는 끊이지 않는 웃음소리가 흘러나오는 바다가 있었어요. 위로는 둥근 달과 무수히 떨리는 별들이, 아래로는 모든 것을 빙 두르는 조용한 밤의 광대함이 있었어요. 후이아에게 그 날 밤의 그 모든 것은 분명 황홀했어요. 그 모든 매혹적인 아름다움 위에 곁에 있는 밝은 소녀의 아름다움이 그 황홀함을 더했어요. 그의 눈은 계속해서 해안의 광경과 가까이 아마 덤불 아래 누워있는 소녀 사이를 오갔어요. 그가 그녀를 가만히 응시할 때, 환상 속의 음성이 그의 마음속에 울렸어요.

"너는 네 부족을 위해서 내려진 축복과 요긴한 것 하나를 가져오게 될 것이니라."

그 말의 뜻은 무엇이었을까요? 후이아는 곧 그 뜻을 알게 될까요?

한편, 두 명의 노예들은 후이아의 자취를 제대로 따라가지 못했기 때문에 약간 거리를 두고 그의 뒤에 있었어요. 먼 지점을 돌아오면서, 그들은 해안의 광경에 놀라워하며 그물이 끌어 올려 있는 곳을 향해 걸어갔어요. 노예들이 다가오는 것을 보고 요정들은 공포에 질려 날카로운 소리를 지르며 해변 위로 뛰어갔어요. 그 중 몇 명은 그물을 잡고 다급하게 후이아와 작은 요정 소녀가 숨어있던 아마 덤불로 올라 왔지만 둘 중 누구도 보지 못했어요. 노예들이 계속 뒤따라오자, 작은 요정들은 점점 더 흥분했어요. 그들은 그물을 내려놓고 울부짖으면서 거친 몸짓으로 어두운 아마덤불을 지나 카누로 돌아갔어요. 경보 소리와 두 노예의 모습에 요정 소녀는 도망치려고 일어났지만, 후이아가 너무나 가까이에 있는 것을 보고 놀라서 떨며 다시 바닥으로 주저앉았어요. 다시 일어나 도망가기 위해 노력했지만 오히려 그물망에 걸려, 나가려고 발버둥 쳐 보아도 소용이 없었어요.

"도와주세요! 도와주세요!"

그녀는 울부짖었어요. 하지만 그녀의 친구들은 이미 해변으로 반쯤 내려간 뒤였고 그녀의 목소리를 듣지 못했어요.

"그물! 그물! 제가 그물에 잡혔어요!"

그녀는 미친 듯이 외쳤어요.

"그물!"

후이아가 따라 했어요. '그것이 바늘과 낚시 줄 없이도 모든 물고기를 잡아 올린 그 기묘한 것의 이름이었구나. 우리 부족민들을 위한 요긴한 것을 마침내 찾았구나,' 그는 생각했어요. 후이아는 그물에 걸려 빠져 나오려고 애쓰고 있는 작은 소녀를 그의 팔로 들어 올려 그가 누워있던 아마 덤불에 내려놓았어요.

"나와 함께 머물러요, 아가씨, 당신은 내가 찾던 축복입니다."

그의 자상한 목소리에, 요정 소녀는 눈을 들어 건장한 짙은 갈색 피부를 가진 족장의 얼굴을 보았고 그에 대한 사랑이 그녀의 마음을 꽉 붙잡았어요. 그녀는 조용히 그의 팔에 안겨 있었어요.

후이아의 품에 안겨있는 요정 소녀를 끝내 발견하지 못하고 요정 무리들은 재빠르게 노를 저어 바다 저 멀리 사라졌어요. 후이아에게 그들의 음악은 더 이상 들리지 않았지만 아마 덤불 안에서 달콤한 목소리를 들을 수 있었지요.

훌륭한 전쟁 지도자 후이아는 젊고 어여쁜 아내를 그의 마을로 데리고 왔고, 그녀는 그녀가 지닌 작은 아마바구니 안에 넣어두었던 그물 세공 도구들로 후이아의 부족민들에게 그물 만드는 기술을 가르쳐줄 수 있었어요. 후이아의 부족은 후이아가 환상 속에서 본 것처럼 부유해지고 번영하였어요. 부족민들은 후이아가 그들을 위해서 먼 북쪽 땅에서 축복과 요긴한 것을 찾아와 준 것에 감사했어요.

가끔 요정 아내가 그녀의 가족에게로 돌아가고 싶다는 바람을 표현할 때면, 후이아는 웃으며 그가 집 벽에 매달아 놓은, 그녀가 잡혀 있었던 그물을 가리켰답니다.

라타의 복수,
녹암 도끼의 기원에 대한 설화

옛날 옛적, 한 여인이 라타Rata라는 이름의 아들과 커다란 호숫가 근처의 외딴 오두막에서 함께 살고 있었어요. 그들이 사는 곳 뒤에는 늘 푸른 커다란 숲이 언덕 아래에서부터 꼭대기까지 펼쳐져 있었어요. 울창한 나뭇잎들 때문에 햇살은 좀처럼 풍성한 관목들과 두터운 고사리 덤불들에까지 이르지 못했어요. 고작 몇 송이의 꽃들이 어둑어둑한 숲 속에 생기를 더할 뿐이었지요. 하지만 나무 꼭대기는 때때로 형형색색의 꽃 더미로 눈부시게 빛났어요. 고운 목소리로 노래하는 새들의 지저 귐이 더 이상 귀에 들리지는 않았지만, 이따금 방울새의 짧은 울음소리나 비둘기의 구구 거리는 소리가 정적을 깨뜨리곤 했어요. 거대한 카우리Kauri[24] 소나무들이 신전의 기둥처럼 기다란 통로 속에 우뚝 솟아 있었어요. 탁 트인 덤불 안을 날개 없는 거대한 모아Moa새[25]가 자란지 얼마 안 된 고사리 줄기와 여린 싹을 뜯어 먹으며 느릿느릿한 걸음으로 활보하고 있었어요. 라타는 먹을 것을 구하기 위해 모아새를 사냥하는 일을 그리 재미있어 하지 않았어요. 모아새들은 느릿느릿 걸어 다니는 습관을 지닌 탓에 쉽게 잡히곤 했지요.

　　라타는 강인하고 두려움을 모르는 소년이었어요. 그는 숲 속 깊은 곳에 있는 나무들 사이로 밧줄처럼 걸려있는 덩굴 식물들과 가시 박힌 넝쿨들 사이를 헤치고 나아가는 것을 좋아했어요. 깊은 협곡에 숨겨진 개울가의 조용한 웅덩이들 속에서 장어를 잡느라 온 종일 시간을 보내기도 하였고, 들새들이 자주 출몰하는 녹음이 우거진 곳에 덫을 놓아 새들을 잡기도 했어요. 밤에는 깃털 없는 키위새들의 소굴을 찾아 겁도 없이 깊은 덤불 속으로 들어가곤 했지요. 곤충을 찾아 구멍에서 나온 키위새들이 지저귀는 소리에 귀 기울이거나, 이들이 편을 갈라 벌이는 피비린내 나는 싸움에서 코를 흥흥거리며 적에게 저항하는 모습을 지켜보기도 하였어요. 그러나 라타는 유독 도마뱀 신 모코-모코Moko-moko의 무리들을 대단히 무서워했어요. 하얀 가시 털을 지닌 커다란 도마뱀 한

---

24 지구상에서 가장 오래된 종으로 알려진 카우리 소나무는 뉴질랜드 북섬 지역에 서식하고 있다.

25 뉴질랜드에서 서식했던 지구상에서 가장 커다란 조류로서, 날개가 없는 것이 특징이다. 포유류가 없는 섬에서 단백질을 공급하는 중요한 식량자원으로서 마오리 사람들에게 사냥되었고, 지금은 멸종되었다.

마리가 길을 가로질러 가기라도 할 때면, 소년은 몸서리를 치며 돌아서곤 했지요. 도마뱀의 출현은 질병과 불운을 의미하기 때문이었어요. 라타의 어머니는 아들을 소중히 돌보았고, 라타는 종종 옆 동네에 사는 친구들과 함께 놀이를 하고 힘을 겨루기도 하였어요. 제사장인 토홍아 Tohunga[26]는 소년에게 각종 성스러운 의식과 의례들을 가르쳐주었어요. 그리하여 라타는 지혜와 용맹스러운 정신, 강인한 몸을 갖춘 청년으로 자라게 되었고 장차 족장이 될 충분한 자격을 갖추게 되었어요.

라타의 어머니는 라타의 아버지에 대해 어떠한 말씀도 하지 않았어요. 라타는 가끔 자신의 아버지가 누구이고 여전히 살아 계신지 궁금해 했지요. 어느 날 라타는 어머니에게 말했어요.

"아버지가 어떤 분인지 알려주세요. 그 분을 뵐 수 있도록 어디에 사시는지 알려주세요."

하지만 어머니는 아무것도 말해주지 않았어요.

"넌 아직 어리단다."

그녀는 단지 이렇게 말하곤 오두막으로 들어가 문을 닫아버렸어요. 라타는 성인이 될 때까지 기다렸고, 어머니께 다시 말했어요.

"아버지가 어떤 분인지 알려주세요. 그 분을 뵐 수 있도록 어디에 사시는지 알려주세요."

그러자 어머니가 조심스럽게 대답하였어요.

---

[26] 신의 대리인으로서의 역할을 수행하는 신성한 제사장. 마오리 부족 사회에서 각종 제사와 예언의식, 치료 및 주술을 담당하였다.

"아버지는 아마 저 멀리 내륙에 계시거나, 아니면 먼 바다에 계실 수도 있단다."

라타는 어머니의 말을 듣고 화가 나서 말했어요.

"전 아버지에 대해 궁금하다니까요! 왜 대답해주지 않으시는 거죠? 저도 이제 다 컸으니 더 이상 어리게만 보지 마세요. 만일 아버지에게 나쁜 일이 일어난 것이라면, 제게는 그 분의 원한을 갚아야 하는 의무가 있어요. 제가 묻는 말에 답해주지 않으신다면, 그럼 다른 사람들에게 물어보겠어요."

그제야 어머니는 이렇게 대답했어요.

"네 아버지는 죽임을 당하셨단다."

"도대체 누가 왜 아버지를 죽였단 말인가요?"

라타가 물었어요.

"네가 태어나기 전이란다, 라타. 내가 투이Tui[27]새를 원하니 네 아버지가 그걸 구하러 나가셨단다. 그는 우리 부족의 적인 족장 마쿠투Makutu[28]에게 사로잡혀 죽임을 당하셨어. 슬픔에 잠긴 나는 다른 이들과 떨어져 이곳에 살게 되었지. 내가 가진 것은 오로지 라타 너뿐이구나."

"아버지의 죽음에 복수해야만 해요."

라타가 말했어요.

"족장 마쿠투는 어디에 살죠?"

---

27 목 양쪽에 흰 깃털이 달려 있는 목도리꿀먹이새이다.

28 이 민담에서 마쿠투는 주인공 라타의 복수의 대상이다. 마오리 언어에서 마쿠투는 사악한 목적을 지닌 주술 혹은 마법이라는 의미를 지니고 있다.

어머니가 대답했어요.

"아주 먼 곳이란다, 아들아. 태양이 바다의 수평선 너머로 떠오르는 그 곳에 마쿠투의 땅이 있어. 설마 나를 홀로 두고 그 먼 곳으로 떠나려는 것은 아니겠지?"

라타는 대답했어요.

"튼튼한 카누canoe[29]를 만들어서 그 곳에 가고 말겠어요. 기필코 아버지의 원한을 갚고 유골을 아버지의 고향으로 가져와야만 해요."

어머니는 아들의 용기를 자랑스러워했지만 이렇게 충고했어요.

"바다로 나갈 튼튼한 카누를 만들 수 있는 거목들을 자를 단단한 도끼가 없지 않느냐."

"도끼를 구하러 갈 거예요. 어디로 가야 하는지 알고 있어요."

라타는 대답을 마친 후 곧 여정을 떠났어요. 그는 숲을 통과하고 높은 언덕을 넘어 '구름의 물'Water-of-the-clouds이라고 불리는 안개가 낀 황야에 다다랐어요. 그 곳에는 카후Kahue라는 이가 살고 있었고 라타는 그에게 말했지요.

"그대여, 당신이 도끼를 만드는 데에 적합한 매우 단단한 암석을 가지고 있다는 이야기를 들었습니다. 거목들을 베어 낼 도끼를 얻을 수

---

[29] 마오리 어로 와카(Waka). 둘레가 넓은 나무의 중앙을 파내어 만든 배로 선두와 선미가 뾰족한 것이 특징이다. 마오리 사람들은 해안가와 강가에서 타고 다닐 다양한 카누를 제작하였는데, 전장에 나갈 때 승선하는 웅장한 크기의 카누와 노 젓기가 용이한 낚시용 카누가 대표적인 예이다.

있도록 도와줄 수 있겠습니까? 저는 아버지의 죽음에 대한 원수를 갚고 유골을 아버지의 땅으로 가져오기 위해 바다로 나갈 커다란 카누를 만들어야 합니다."

용기 있는 청년의 사연에 감동한 카후가 대답했어요.

"좋네, 젊은이. 튼튼한 도끼를 만들 수 있는 돌을 쪼개어 내주지."

그는 어떤 암석보다도 단단한 녹암 조각을 부서뜨렸고 숙련된 기술과 작업 과정을 거쳐 도끼 모양을 만들었어요. 하지만 그 모양이 그리 날카롭지 않은 까닭에 카후는 라타에게 도끼를 건네주며 말했어요.

"집에 가는 길에 분명히 숫돌 처녀The Whetstone-maiden라고 불리는 여성 조상신을 만나게 될 것이네. 그녀의 등뼈로 이 도끼를 더 날카롭게 깎을 수 있을 걸세."

라타는 녹암으로 만든 도끼에 만족하며 카후에게 감사를 표했고, 숫돌 처녀가 사는 곳으로 떠나기 시작했어요. 오랜 여정 끝에 그는 숫돌 처녀를 만나게 되었고, 그녀의 등뼈를 이용해 도끼를 날카롭게 깎아낼 수 있도록 청했어요. 라타의 사연을 들은 여신은 그의 요청을 수락하였고, 도끼의 가장자리가 선명하고 날카롭게 깎일 수 있도록 자신의 등을 구부려 주었어요.

라타는 어머니에게로 돌아와 자신이 가져온 도끼를 보여주었고, 손잡이를 고정시킨 다음 도끼를 힘차고 날쌔게 휘둘렀어요. 그런 다음 카누를 만드는데 필요한 나무를 구하러 깊은 숲 속으로 들어갔어요. 라타는 숲으로 가는 길에 새하얀 왜가리와 커다란 도마뱀이 싸우고 있는 것을 보았어요. 싸움에 지친 왜가리는 울며 라타에게 도움을 요청했어요. 하지만 도마뱀 신의 무서운 힘을 떠올린 라타는 그들 가까이로 다가가지 않았어요. 그러자 왜가리는 울부짖으며 말했어요.

"내 도움 없이는 카누를 완성시킬 수가 없단 말이야."

하지만 라타는 그 말을 무시하고 지나쳤어요. 라타는 심사숙고 끝에 카누를 만드는 데 사용할 가장 좋은 목재로 길고 쭉 뻗은 소나무 한 그루를 골랐어요. 숲 속의 나무들은 빛과 숲을 관장하는 위대한 타네 신의 아이들이기도 했어요. 따라서 나무를 베기 전에는 반드시 주문을 외운 후 그 다음 일을 진행해야 했어요.[30] 하지만 라타는 이를 무시하였고 도끼를 향기로운 고사리 뿌리에 문지르지도 않았어요. 이는 자신의 아이들인 나무들 밑바닥에 고사리를 심어놓은 타네 신을 위한 의식이었어요. 그리하여 숲의 정령인 하쿠투리Hakuturi[31]와 라타가 벤 소나무에 살고 있던 새들과 곤충들은 화가 나 노래를 부르기 시작했어요.

널리 널리 신성한 나무 조각들이 날아간다네.
흩어져 땅에 떨어져 버린다네. 하지만 이내
핼쑥한 얼굴로 함께 날아 올라갈 것이네.
떠오르는 달에 의해 은빛으로 도금되어
다시 높이 떠올라
타네 신의 장중한 산마루가 되어 버릴 것이네.

---

[30] 자연과 상생하는 삶을 사는 마오리 사람들은 자연에 이를 관장하는 정령이 깃들어 있다는 믿음을 바탕으로 물고기를 잡거나 나무를 베는 행위에 앞서 카라키아(Karakia)라는 신에게 기도를 드리는 의식을 진행하였다.

[31] 숲의 신성성을 지키는 정령으로 숲의 신인 타네의 자녀들 중 하나로 알려져 있다.

하지만 라타가 도끼를 거칠고 빠르게 휘두르는 소리가 숲에 울려 퍼졌고 그는 그들의 노래 소리를 들을 수 없었어요. 해가 저물기 전, 커다란 소나무는 땅 위에 쓰러졌고 라타는 집으로 다시 돌아갔어요. 다음날 소나무를 베어 낸 곳으로 다시 돌아가는 도중, 그는 왜가리와 도마뱀이 여전히 싸우고 있는 것을 보았어요. 왜가리는 다시 한 번 라타에게 도움을 요청했어요. 그러자 도마뱀이 외쳤어요.

"우리 싸움에 간섭하지 말라, 라타. 단지 힘겨루기일 뿐이거든."

그리하여 라타는 왜가리의 요청을 무시하고 그의 길을 다시 갔어요.

숲에 도착 한 라타는 어제 그 소나무가 마치 결코 베어진 적이 없는 것처럼 다시 그 자리에 우뚝 서 있는 것을 보고 경악했어요. 그러자 라타는 왜가리의 말을 기억해냈고, 그들이 여전히 싸우고 있는 지를 확인하게 위해 그 곳으로 되돌아갔어요. 과연 그는 도마뱀 신 모코-모코와 대면하여 왜가리를 구할 용기를 낼 수 있을까요? 라타는 아름다운 왜가리가 거의 지쳐있는 가운데 도마뱀이 마지막 한방을 때리려고 하는 것을 발견했어요. 라타는 더 이상 주저하지 않고 앞으로 돌진한 다음, 자신의 녹암 도끼로 도마뱀의 머리를 베었어요. 이제 질병과 나쁜 운은 그의 앞날에 나타나지 않을 거예요. 도마뱀이 죽어버렸으니까요.

왜가리는 라타를 따라 겨우 겨우 앞으로 날아갔어요. 라타가 다시 잣나무를 베기 시작하자, 왜가리는 나무 고사리의 꼭대기에 앉아 휴식을 취하며 라타가 일하는 것을 지켜보았어요. 해가 질 때 즈음, 라타는 다시 한 번 나무를 거의 베어 놓은 상태였어요. 나무의 정령과 나무 가지에 있는 작은 새들과 곤충들의 목소리는 또 다시 그가 도끼를 휘두르는 소리에 묻혀 버렸어요. 이들은 나무 조각이 와스스 떨어지자 노래를 부르기 시작했어요.

> 널리 널리 신성한 나무 조각들이 날아간다네.
> 흩어져 땅에 떨어져 버린다네. 하지만 이내
> 헬쑥한 얼굴로 함께 날아 올라갈 것이네.
> 떠오르는 달에 의해 은빛으로 도금되어
> 다시 높이 떠올라
> 타네 신의 장중한 산마루가 되어 버릴 것이네.

라타는 곧 도끼로 마지막 한 방을 휘둘렀고, 거목은 엄청난 굉음을 내며 땅 위로 쓰러졌어요. 그는 기쁜 마음으로 쓰러진 나무를 바라보았어요. 깊은 숲 속에는 정적이 흘렀고, 곧이어 이전에 불렀던 노래의 후렴구를 부르는 작은 새들의 감미로운 목소리들이 다시 들려왔어요.

> 다시 높이 떠올라
> 타네 신의 장중한 산마루가 되어 버릴 것이네.

그들의 노래를 들은 라타는 수많은 새들과 곤충들이 숨어있던 곳에서 나와 땅에 떨어진 나무 조각들을 함께 모으는 것을 보고 의아해했어요. 그는 격노하였고 왜가리에게 외쳤어요.
"새들의 대왕이여, 이리 와서 나를 좀 도와주렴."

라타는 새들과 곤충들에게 겁을 주어 내쫓게 할 작정이었지만 이들은 떠나지 않았고 나무들은 깜짝 놀라워했어요. 라타는 분명 신들에게 공물을 바쳐서 이들을 위로해야 했어요. 특히나 눈물을 흘리고 있는 카레아Karea와 나무 고사리 퐁아Ponga[32]는 수치심에 잎이 무성한 고개를 늘어뜨렸는데, 이들은 지금까지도 고개를 숙인 모습으로 남아있답니다.

왜가리가 말했어요.

"너는 무슨 자격으로 숲의 아버지인 타네 신에게 기도도 드리지 않고 나무를 베어 낸 거니? 타네 신이 나무 밑 둥에 심어놓은 고사리들 뿌리에 도끼를 가져다 대는 오랜 관습도 따르지 않았더구나."

왜가리가 말하자 나무의 정령과 새들이 곧이어 말했어요.

"오, 라타. 그러므로 넌 죄를 지었노라."

그러자 라타는 자신의 건방지고 부주의한 행동이 부끄러워서 견딜 수가 없었어요.

"그럼 사실대로 말씀을 드리죠."

라타는 아버지의 원한을 갚기 위해 나무를 베고 카누를 만들어 바다로 나아가야 하는 자신의 사연을 이야기 했어요.

"숲의 아버지인 위대한 타네 신에 대한 예의를 저버린 제 잘못입니다. 거대한 슬픔의 구름이 저를 드리우고 있군요. 용서해주십시오."

라타는 부끄러운 마음으로 그가 쓰러뜨린 거대한 나무를 바라보았어요. 슬픔에 잠긴 라타의 뉘우침을 들은 숲의 정령과 새와 곤충들은

---

32 뉴질랜드에 서식하는 대형 나무 고사리이다.

노래를 부르기 시작했어요.

　　라타, 너의 집으로 돌아가거라.
　　우리가 너를 도와줄 것이다.
　　신성한 나무를 움푹하게 파내어 주지.
　　그것이 타네 신이 네게 주는 선물이란다.

　　라타는 바닷가에 있는 집으로 되돌아갔고, 그 날 있었던 일을 어머니에게 말하지 않았어요.

　　소년이 깊은 숲 속으로 사라지자 카누를 만드는 것을 도우려는 새들이 사방에서 튀어나왔어요. 힘센 아이들은 부리로 나무의 몸통을 쪼아 그 속을 파내었고, 이내 카누 모양을 만들어냈어요. 작은 새들과 곤충들은 나무 조각을 날랐어요. 바다 새들은 기다란 부리로 구멍을 내었고 진주와 조개껍데기로 줄무늬 장식을 하였답니다. 습지에 사는 새들은 배의 측면을 묶고 활과 선미를 고정시킬 아마 섬유를 가져왔어요. 오랜 시간 일한 끝에 새벽녘이 되어서야 카누는 완성되었어요.
　　다음 날 아침, 라타는 서둘러 나무를 베어놓은 곳으로 향했어요. 카누가 완성이 되어 있는 것을 본 그는 대단히 기뻐했어요. 카누가 너무 거대하고 단단하였기에 라타는 혼자 그것을 바다로 끌고 나갈 수 없을 정도였어요. 다음 날 라타는 옆 동네로 가서 사람들에게 카누를 끄는 것을 도와달라고 요청했어요. 하지만 무거운 카누가 깊은 숲 속에 있는 까닭에 사람들은 그것을 도저히 바다로 끌고 나갈 수가 없었답니다. 사람들은 신에게 도움을 호소하였고, 그러자 신은 홍수를 일으켜 카누가 바다로 흘러나올 수 있도록 도와주었어요. 사람들은 기쁨에 환호했고 그 카누를 '엄청난 기쁨'이란 뜻을 지닌 니와루Niwaru라고 부르기 시작했어요. 이들은 라타가 위대한 족장들 중 한 명이었던 그의 아버지의 죽음에 대한 원수를 갚고자 한다는 사실에 기뻐했지요. 밤이 되자 사람들은 모여 승리를 기원하는 춤을 추었고 제사장인 토홍아는 점을 쳤어요. 미래에 대한 좋은 소식이 점쳐졌고 달 가까이에서 환히 빛나는 별은 앞으로 일어날 일에 대한 성공을 의미하는 길조이기도 했어요. 그리하여 전사들은 라타와 함께 그의 아버지를 죽인 자가 살고 있는 곳으로 떠나기를 간절히 바랐답니다.

아침이 되자 카누는 바다 새들의 깃털과 잣나무의 진홍색 꽃송이로 화사하게 장식되어 있었어요. 노를 손에 든 전사들이 길고 커다란 함성을 지르며 카누에 승선하였고 마쿠투가 사는 곳으로 노를 젓기 시작했어요. 이들은 수 일 동안 바다를 횡단하였고, 태양이 떠오르는 곳에 사는 도깨비들인 포나투리Ponaturi[33]의 땅 가까이에 다다랐어요. 햇빛에 노출되었을 때 생명을 잃고 마는 도깨비들은 낮 동안에는 바다 아래 어두운 곳에서 지내다가 해가 지면 육지로 올라오곤 했지요. 라타는 커다란 물결을 타고 이곳으로 카누를 돌렸어요. 포나투리는 이곳에 살고 있던 마쿠투의 명령을 따라 아버지의 유골을 이곳으로 옮겨온 녀석들이었

---

[33] 마오리 민담에서 주인공을 방해하는 역할로 자주 등장하는 도깨비요정들이다. 이들은 빛에 노출되면 죽음을 맞이하는 치명적인 약점을 지니고 있다.

지만 라타는 이를 알지 못했어요. 라타와 그의 부하들이 육지 가까이에 이르자, 달가닥거리는 이상한 소리가 들리기 시작했어요.

"이게 무슨 소리지?"

그들 중 한 명이 말했어요.

"아버지의 유골들이 달가닥 거리며 우리들을 환영하는 소리예요."

라타가 대답했어요.

"그들이 '노를 저어! 노를 저어!'라고 울부짖고 있어요. 여러분, 어서 더 열심히 육지 가까이로 노를 저어주세요."

그리하여 사람들은 더 열심히 노를 저었고 카누는 파도의 꼭대기를 타고 앞으로 쏜살같이 내달렸어요. 이들이 해안가에 도착해 육지에 발을 내딛자 유골들이 다시 달가닥거리기 시작했어요.

"여러분, 마쿠투가 이곳 가까이에 살고 있는 것이 틀림없어요."

라타가 말했어요.

"다 함께 몰래 움직여서 그를 깜짝 놀라게 해주자구요."

그들은 나무로 피신처를 만들 때까지 바위들 사이를 기어 다녔어요. 바위에는 바다 새들이, 나무들 위에는 많은 새들이 앉아 쉬고 있었어요. 새들은 라타와 그의 부하들의 등장에도 꿈쩍하지 않았어요. 소리가 들리는 곳으로 따라가자 유골들이 달가닥거리는 소리가 점점 더 커져만 갔어요. 이들은 곧 어떤 여인이 일을 하고 있는 공터에 도착했어요. 여인 가까이에는 동굴의 입구가 있었는데, 그 주변에는 질긴 넝쿨들이 뻗쳐져 있었어요. 마지막 남은 햇살이 동굴의 입구를 밝히고 있는 가운데 그 안은 온통 어둠뿐이었어요. 그제야 유골들이 달가닥거리는 소리는 멈추었고, 라타는 이곳이 마쿠투가 살고 있는 곳임을 알게 되었어요. 여인은 등을 돌려 사람들을 보고는 소리쳤어요.

"당신들은 누구 길래 감히 마쿠투 님이 사는 곳을 찾아온 것입니까?"

그러자 라타가 대답했어요.

"우리가 이곳을 찾아온 것에 대해 궁금해 하시는군요. 하지만 제 말을 들어 보십시오."

라타는 그간 있었던 일을 그녀에게 모두 말했고, 그의 사연을 들은 여인이 말했어요.

"당신이 이곳에 오다니 기쁘군요. 마쿠투는 제 남편을 죽이고 강제로 제가 여기서 그를 위해 일하도록 명령했어요. 저 또한 남편의 원수를 갚아야 합니다."

"마쿠투는 어디 있습니까?"

라타가 물었어요.

"그는 바다 아래 있어요."

여인이 대답했어요.

"햇빛이 들지 않는 곳 말이에요. 그는 해가 지면 저 구멍을 통해 이곳으로 올라올 겁니다."

그녀는 어두운 동굴을 가리켰어요.

"우리가 어떻게 하면 그를 잡아낼 수 있을까요?"

라타가 물었어요.

"저 억센 넝쿨들로 올가미를 만들어 보세요."

그녀가 말했어요.

"그런 다음 저 동굴의 입구 위에 올려놓는 거죠. 몸을 숨기고 있다가 마쿠투가 올라오면, 올가미를 그의 목 주위에 둘러 단단하게 잡아당기는 거예요. 힘이 정말 센 놈이지만, 올가미를 이용하면 그를 잡아 죽일 수 있을 거예요."

이들은 여인이 말한 대로 올가미를 만들고 가까이에 있는 덤불 속에 몸을 숨겼어요. 해가 떨어지자 어둠이 찾아왔어요. 마쿠투가 올라오는 소리가 들리자 땅 바닥은 그의 육중한 걸음에 흔들렸어요. 그는 자신이 먹을 사람고기를 한 포대 들고 오는 길이었어요. 동굴 입구에 다다르자 마쿠투는 코를 킁킁거리더니 뭔가 이상한 것 같다고 생각했어요. 그는 말했어요.

"누가 여기 있지? 인간의 냄새가 나는군. 수많은 인간들의 냄새가 나고 있어."

"아닙니다, 아니에요. 아무 일도 없습니다."

여인이 대답하자 마쿠투는 앞으로 나갔어요. 그 순간 라타와 부하들은 별빛에 의지하여 등에 짐을 한 가득 든 마쿠투가 머리를 굽혀 동굴 바깥으로 나오는 것을 보았어요. 이들은 즉시 올가미를 단단하게 잡아 당겨 그의 목에 둘렀고 마쿠투는 완전히 사로잡혀 버렸어요. 마쿠투는 소리치려고 애를 썼지만 그럴수록 올가미는 더욱 세게 그의 목을 졸랐어요. 열심히 몸부림쳤지만 달아날 수 없었지요. 라타의 부하들은 마쿠투의 팔을 칼로 베었어요. 그러다가 올가미가 조금 느슨해진 틈을 타 마쿠투가 소리쳤어요.

"너는 날 죽일 수 없어."

그러자 그들은 이것이 마지막이라고 생각하며 마쿠투의 머리를 베어냈어요. 하지만 포나투리의 땅에서 얻어낸 마력을 이용하여 마쿠투는 알락해오라기Bittern 새로 변신하였고, 꽥 하는 소리를 내지르며 날아갔어요. 마쿠투는 알락애호라기 새가 되었고 라타는 아버지의 죽음에 대한 원수를 갚게 되었답니다. 그리하여 지금까지도 라타의 고향 사람들은 알락애호라기 새를 마쿠투라 부르고 있지요.

유골들이 또 다시 시끄럽게 달가닥거리는 소리가 들리자 라타와 그의 부하들은 횃불에 불을 붙여 소리가 들리는 곳을 향하였어요. 그들은 마쿠투가 자신의 마력을 증진시키기 위해 동굴 안에 숨겨둔 라타 아버지의 유골을 발견했어요. 라타는 조심스럽게 유골들을 한데 모아 그의 카누 안에 모셨어요. 그러자 유골들은 더 이상 달가닥거리는 소리를 내지 않았답니다.

라타와 그의 부하들은 다시 바다를 가로질러 그들의 집으로 되돌아갔어요. 라타의 카누가 무사히 돌아오고 있는 것을 본 라타의 어머니와 마을 사람들은 새의 깃털과 진홍색 화초들로 단장을 하고 얼굴을 빨간색 파란색 물감으로 칠했어요. 그리고 나서 승리를 거두고 돌아오는 그들에게 큰 소리로 소리치며 달려갔어요.

"환영합니다! 환영합니다!"

라타는 이제까지 있었던 일들을 모두 이야기했어요. 사람들은 가슴을 두들기며 노래를 불렀고, 이들을 반기는 춤을 추고 또 추었어요. 춤 추는 것이 끝나자 높은 신분의 몇몇 용사들이 마쿠투로부터 구해 온 족장의 유골을 꺼내 들었어요. 그들은 강가로 내려가 유골을 강물에 씻어 내어 홍합 껍데기로 조심스럽게 긁어낸 다음 적색토 위에 뿌려 매트 위에 올려놓았어요. 족장의 유골을 수습하고 가까이서 이를 지켜본 이들은 신성한 존재인 타푸Tapu[34]로서, 사람들은 이들을 만질 수 없었답니다. 그런 다음 라타의 아버지의 유골을 두고 장례식과 애도가 이어졌어요. 엄청난 양의 음식과 음료들이 모인 가운데 사람들은 땅바닥에 쪼그리고 앉아 서로의 머리를 가까이 가져다 댔고, 항상 그랬듯 격렬히 통곡하며 눈물이 비 오듯 흐를 때까지 함께 코를 문질렀어요.

수많은 남녀 문상객 모두가 크게 노래를 불렀고, 동시에 날카로운 부싯돌이나 조개껍데기로 자신의 팔과 가슴, 얼굴에 격하게 상처를 내었어요. 그들은 음식을 먹고 기운을 낸 다음 또 다시 코를 문지르고 통곡하는 것을 반복했어요. 유골 가까이에 있는 타푸들은 손으로 음식을 만질 수 없는 까닭에 자신 앞에 놓인 음식을 먹기 위해 무릎을 꿇어앉고 음식을 취해야만 했어요. 애도의 소리는 점점 더 커져만 갔고, 사람들은 그들의 족장이 왕년에 취했던 호전적인 행동들을 연호하며 피가 줄줄 흘러내릴 때까지 점점 더 많은 상처를 몸에 냈어요.

"오, 위대한 족장님이여. 왜 우리를 떠나갔나요? 왜 우리가 족장님 대신 죽지 못했나요?"

전사들이 노래를 불렀어요. 기도하는 이들은 부족의 수호신이 된 족장의 유골 앞으로 다가가 말했어요.

---

[34] 폴리네시아 문화에서 신성한 것 혹은 금기시 되는 개념인 타푸는 마오리 사회에서도 큰 영향력을 발휘하였다. 부족 사회에서 타푸는 외부와 접촉할 수 없는 대상이었으며 타푸로 지정된 제사장은 음식물이 이들이 지닌 타푸의 영적 기운을 저하시킨다는 이유로 인하여 음식을 집어먹는 행위가 금지되었다. 이야기 속에서 토홍아가 바로 앞에 놓인 음식물을 타인의 도움으로 섭취해야 했던 이유도 이 때문이다.

"오, 족장님. 우리를 굽어 살피시는 님은 이제 우리의 수호신이 되셨나이다. 당신을 위해서라도 살아생전 당신을 공격한 적들의 원수를 갚는 것을 잊지 마시옵소서. 당신의 부족에게 풍요로운 농작물들을 보내 주시옵고 다가올 앞날에 벌어질 전쟁에서는 행운을 빌어주소서."

사람들은 자신을 위해 유골에게 특별한 소원을 비는 것을 잊지 않았어요.

"적이 전리품으로 가지고 간 제 아들의 머리를 되찾을 수 있게 해주세요. 이 늙은 나이에 그런 불명예를 안고 살아가지 않게 해주세요."

머리가 하얗게 센 전사가 노래를 불렀어요. 어떤 청년은 결혼을 잘 하고 싶다고 부탁했어요. 또 다른 이는 첫 번째 아내가 자신의 다른 아내들에게 부리는 심술을 줄여달라고 빌었어요. 겨울에 먹으려고 기름에 절여두었던 새를 훔쳐간 도둑들의 목이 적에게 날아가기를 비는 이도 있었지요. 이 밖에도 수많은 기도와 애도가 이어졌어요.

기도와 향연이 끝나자 라타의 아버지의 유골들은 또 다른 의식을 위해 산 정상으로 옮겨졌고, 소수의 사람들만이 알고 있는 신성한 동굴 안에 있는 단좌 위에 모셔졌어요. 그 곳에서 유골은 사람들의 경의 속에 영원한 안식을 얻었고, 더 이상 달가닥 소리를 내지 않게 되었어요. 이리하여 라타는 아버지의 죽음에 대한 원수를 갚게 되었지요. 라타는 사람들에게 딱딱한 비취색 녹암으로 도끼를 만드는 법과 광을 내는 법을 알려주었어요. 붉은 화초들이 꽃피는 숲의 나무는 그의 이름을 따 '라타'라고 불렸어요. 라타는 부족에 의해 족장으로 추대되었고, 육지에서 유명한 족장이 되었답니다.

7

루아와 토카,
깊은 바다 속 이야기

오랜 전, 테-이카-아-마우이 섬 해안가에 루아Rua라고 불리는 추장과 열두 살 된 그의 아들 토카Toka가 살고 있었어요. 루아에게 아들 토카는 태양의 빛과 같은 소중한 존재였어요. 토카는 훌륭한 자신의 아버지가 전사들의 위엄을 드높였기에, 위대한 신 라Ra가 그 어떤 전사들도 무시하지 않는다고 생각했지요. 아버지 루아는 토카가 늠름한 남성으로 자랄 수 있도록 남자다움을 기를 수 있는 다양한 활동을 하는 것을 격려 해 주었어요. 토카는 생기발랄하고 원기 왕성한 소년이었고, 그의 명랑한 웃음소리는 해안가의 바위들 사이로 찰랑거리는 파도 소리와도 같앉지요. 한편 검푸른 바다 깊은 곳에는 타니와라는 괴수가 살고 있었어요. 그가 깊은 숨을 들이마시고 내쉴 때마다 거친 겨울 파도가 일어나 해안가로 빠르게 밀려들어오곤 했어요. 토카는 평평한 모래사장에서 친구들과 달리기 경주를 벌이기 좋아하는 소년이었어요. 가볍게 뛰노는 아이들의 모습은 마치 바람에 흩날리는 엉겅퀴 씨앗처럼 재빨랐어요. 여름에는 숲 속 이곳저곳을 오랜 시간 떠돌며 덫을 놓아 새를 사냥하기도 했어요. 부드럽게 출렁이는 바다 거품 속에서 물장구를 치고, 타고 있던 카누에서 수심이 깊은 맑은 물속으로 다이빙하기도 했지요. 그렇게 토카는 행복한 나날들을 보내고 있었어요.

여름이 끝나가던 어느 무더운 오후였어요. 숨 막히는 정적이 흐르는 가운데 희미하게 떨리는 안개 자욱한 열기가 바다와 해변 위에 내리쬐고 있었어요. 폭풍전야에 있을 법한 낯선 고요함이 섬 전체에 퍼졌어요. 바닷새들은 해안가로 모여들며 낮은 소리로 울어댔고, 나뭇잎과 가냘픈 고사리 잎사귀들은 미동도 하지 않았어요. 땅바닥의 수북한 토이Toi[35] 잔디들마저도 꿈쩍하지 않았고, 움푹 꺼진 절벽 곳곳에 자라난 덤불들은 마치 몸을 옹송그리고 있는 듯했어요. 물고기를 잡으러 갔다 온 토카와 친구들은 카누를 해변의 높은 지대에 세워 놓고 물장구를 치러 바다로 뛰어 들어갔어요. 신나게 뛰어 노느라 폭풍우가 다가오고 있는 것도 무시하고 있었지요. 갑자기 바람이 불어 닥치더니 짙게 깔린 구름

---

35 초원 지대에 자라는 팜파스(Pampas)와 비슷한 종류로 뉴질랜드에서 서식하는 길고 가느다란 덩굴 식물이다.

으로 하늘이 어두워졌어요. 해안에서 멀리 떨어진 곳에서 놀고 있던 아이들 중 한 명이 하늘을 바라보며 말했어요.

"토카, 빨리 돌아가야겠어. 폭풍이 다가오고 있어."

그러자 토카가 말했어요.

"아직 시간 여유가 있어. 넌 그럼 지금 가렴. 난 너희보다 더 빨리 헤엄 칠 수 있으니 곧 너희들을 따라 잡을 수 있을 거야."

토카가 팔딱거리는 고등어처럼 재빠른 아이로 알려져 있었기에, 아이들은 그를 남겨두고 먼저 육지로 돌아가기로 했어요. 곧 요란한 바람이 바다를 일렁이며 먹구름을 드리웠어요. 세차게 퍼붓는 빗속에 새하얀 파도의 꼭대기가 어슴푸레 빛났어요. 거센 돌풍이 바다를 내리치며 일으킨 엄청난 물보라가 비와 구름에 뒤섞여 토카의 주위를 에워쌌고, 시야에서 해변이 사라졌어요. 좀처럼 하늘과 바다를 구분할 수가 없을 정도였어요. 하지만 토카는 두려워하지 않고 용감하게 육지를 향해 헤엄쳤어요. 앞이 보이지 않는 바다를 가로질러 용감하게 파도를 타고 나아갈 때마다 토카의 가슴이 뜨거워졌어요.

이내 눈에 보이지 않는 알 수 없는 무엇인가가 바다 깊숙한 곳에서 꿈틀거렸어요. 넘실거리는 물보라들이 부글부글 거리며 끓기 시작했어요. 이윽고 바다의 신인 탕아로아Tangaroa[36]가 심해로부터 떠올라 거대

---

[36] 탕아로아는 바다의 신이다. 마오리 신화에 따르면 탕아로아는 하늘과 땅인 랑이와 파파투아의 아들로서 형제들과 함께 부모님을 떼어놓는 계획에 동참한다. 그러나 그는 또 다른 형제인 폭풍의 신 타위리마테아(Tawhirimatea)에게 공격을 당하게 되고 이를 피하기 위해 바다 속으로 몸을 숨기게 되었다고 한다.

한 파도 위에 우뚝 섰어요. 그는 순식간에 토카를 사로잡아 바다 아래에 있는 자신의 동굴로 데려갔어요. 탕아로아는 잘생긴 토카를 자신의 거처 입구에 세워진 대들보 위에 똑바로 세워놓았어요. 토카의 준수한 얼굴, 맵시 있는 구릿빛 피부의 팔과 다리에서 빛이 났어요. 그의 얼굴은 환한 바깥세상을 향하고 있었어요.

토카의 친구들은 어렵사리 해안가에 다다랐어요. 아이들은 토카를 찾았지만 그 어디에서도 그를 찾을 수 없었어요. 토카는 완전히 사라져버렸고 눈앞에 보이는 건 바다뿐이었어요. 토카의 흔적을 찾아 부질없이 바다만을 바라보던 아이들은 마침내 바다의 신인 탕아로아가 토카를 잡아간 것을 깨달았어요. 아이들은 천근만근 무거운 마음으로 마을로 돌아와 이 불행한 소식을 마을에 알렸고, 모두가 사랑스러워하는 해맑고 명랑한 목소리의 토카가 사라진 것을 알게 된 사람들은 통곡했어요.

저녁이 되자 폭풍우가 찾아들었어요. 낙엽과 부서진 나뭇가지들이 해안가의 낮은 절벽의 길에 흩어져 있었고 해초 무더기들이 쌓여 있었어요. 바다 새들은 보금자리에서 여전히 머물러 있었어요. 흐느끼는 듯 철썩거리는 파도 소리와 토카를 애도하는 사람들의 구슬픈 통곡 소리를 제외하고는 섬은 조용했어요. 그날 밤, 이웃 부족을 방문하고 돌아오던 루아와 그의 전사들은 저 멀리에서 사람들이 애도를 하고 있는 소리를 듣게 되었어요. 마을로 서둘러 돌아온 루아는 그를 반겨야 하는 아들 토카의 모습이 보이지 않자 두려움에 떨며 큰 소리로 외쳤어요.

"토카는 지금 어디에 있는가?"

그 누구도 루아의 질문에 대답하지 못하였고 사람들이 흐느끼는 소리만 더욱 커질 뿐이었어요.

"내 아들은 어디 있는가?"

루아는 언성을 높여 재차 물었어요.

"내게 좋지 않은 소식을 알리길 두려워하다니. 나를 어린애라고 생각한단 말인가? 나를 반기는 토카가 없는 것을 보니 마치 내 아들이 나를 멀리 떠나버린 것 같단 말이다. 내 아들은 어디에 있는 것이냐?"

머리를 망토로 덮은 사람들은 앞뒤로 몸을 흔들면서 격렬히 흐느끼고 함께 코를 비벼댈 뿐이었어요. 그러자 마을의 제사장인 토To가 일어나 루아에게 고했어요.

"요란한 바람과 파도가 몰아쳤고 위대한 바다의 신인 탕아로아가 족장님의 아들 토카를 희생양으로 잡아 데려갔나이다."

잠시 동안 군중 사이에 정적이 흘렀고, 고개를 든 사람들은 창을 든 채로 마치 조각상처럼 미동도 않고 서 있는 족장 루아를 바라보았어요.

곧 태양의 신인 라Ra가 바다 수평선 너머로 저물며 어둠이 깔렸어요. 루아의 삶의 빛도 함께 꺼져버렸지요. 그는 아무 말도 하지 않았지만 마음은 온통 복수심으로 가득했어요. 루아는 마을을 성큼성큼 가로질러 해안의 암석 지대로 올라갔어요. 창과 망토를 내던져버린 루아는 토카를 찾으러 물속으로 뛰어들었어요. 그는 "복수다!"라는 말을 내뱉으며 파도에 뒤섞였어요. 이윽고 바다 밑 바닥에 다다른 루아는 히네마티 Hinemati라는 이름의 늙은 여인을 만나 그녀에게 물었어요.

"탕아로아가 내 아들을 데려갔소. 그 신이 머물고 있는 곳을 알려주시오."

그러자 탕아로아가 살고 있는 곳의 문지기였던 히네마티는 루아를 탕아로아의 거처로 데리고 갔어요. 훌륭하게 조각된 기둥 위에는 눈에 박힌 진주 껍데기를 빛내며 혀를 내밀고 있는 무시무시한 머리통들이 히죽 웃고 있었어요. 루아는 자신의 아들 토카가 입구 너머 우측에 있는 대들보 꼭대기에 뻣뻣한 자세로 가만히 세워져 있는 것을 보았어요. 토카는 그들의 신이 빚은 모습 그대로 아름다운 모습이었어요. 루아는 고통스러워 말문이 막혔어요. 망연자실한 루아는 이제 그의 슬픔이 빚은 괴로움도 느낄 수 없었어요. 강하게 요동치는 심장박동 소리가 마치 그에게 "복수다!" "복수다!"라고 외치는 것만 같았어요.

　　"누군가 여기 살고 있습니까?"

　　마침내 루아가 입을 열어 히네마티에게 물었어요.

　　"지금은 아무도 없어요."

　　그녀가 대답했어요.

　　"하지만 바다 요정과 도깨비들의 동족인 포나투리가 여기에 살고 있어요. 빛이 있는 곳에서 살 수 없는 녀석들은 이른 아침에 더 깊은 바다 속으로 일하러 간답니다. 해가 지기 전까지 이곳에 돌아오지 않지요."

　　루아가 말했어요.

　　"나는 위대한 신인 탕아로아를 해칠 수가 없소. 그의 힘은 저 끝없는 바다의 광대함과도 같으니 말이오. 하지만 여기 화려하게 꾸며진 그의 거처와 이곳에 살고 있는 자들에게 대신 복수하고 말겠소."

　　그러자 여인이 말했어요.

　　"당신을 돕겠습니다. 나 또한 내게 닥친 불행으로 말미암아 복수를 꿈꾸어 왔습니다."

　　루아는 탕아로아의 거처로 들어가 빛이 새어 들어오는 모든 구멍과 틈새들을 막아버렸어요. 그런 다음 여인이 안으로 들어와 포나투리들이 돌아오기만을 기다렸고, 루아도 그녀와 가까운 곳에 몸을 숨겼어요. 짙은 어둠이 깔리자 여러 목소리들이 들리기 시작했고, 곧 금발의 밝은 빛을 내는 수많은 녀석들이 떼를 지어 집으로 들어왔어요. 히네마티는 평소와 같이 출입문을 닫고 그 옆에 몸을 누이고는, 포나투리들의 목숨을 빼앗을 수 있는 햇빛이 들어오는 것에 대해 주의를 기울이는 척했어요. 밤이 되자 히네마티의 보호에 포나투리들은 안심해 하며 푹 잠을 자기 시작했어요. 아침이 다가오자 한두 번 잠에서 깬 포나투리들은 이상하리만큼 밤이 길다고 생각했고, 그 중 하나가 히네마티에게 물었어요.

　　"아직 새벽이 아닌가?"

　　"아닙니다."

　　히네마티가 대답했어요.

　　"히네마티가 지키고 있는 기나긴 밤입니다. 다들 다시 눈을 붙이세요. 푹 자도록 해요."

　　집안의 모든 틈새가 틀어 막혀 있어 빛을 볼 수 없던 녀석들은 히네마티의 말을 믿었어요. 그들은 해가 높이 솟아오르고 바다에 햇빛이 쏟아져 내릴 때까지 계속 잠을 자기 시작했어요. 그러자 루아는 숨어 있던 곳에서 뛰쳐나와 순식간에 햇빛을 안으로 들여보냈고, 자고 있던 포나투리들은 곧바로 죽어버리고 말았어요. 이내 여인이 중얼거렸어요.

"녀석들 곤히 자고 있군! 히네마티가 지키고 있는 기나긴 밤과 다를 바 없군."

하지만 강하게 고동치는 루아의 심장 박동 소리가 아직도 그의 귀에 "복수다!"라고 외치는 것 같았어요. 루아는 아름다운 토카를 대들보 위에서 떼어 내려놓고 반짝 반짝 빛이 나는 해초들로 죽은 아들의 무덤을 만들었어요. 토카의 아름다운 팔과 다리에 손을 대었지만, 더 이상 따뜻한 온기와 탄력은 느껴지지 않았어요. 아버지에게 곧잘 사랑스러운 눈길을 보내던 아들의 두 눈은 감겨져 있었어요. 루아는 비통한 마음에 울부짖었어요.

"오 토카, 내 아들! 아들아!"

루아는 훌륭하게 조각된 기둥들과 문지방을 비롯하여 탕아로아의 거처에 있는 화려한 장식물들을 모두 떼어내어 토카 곁에 세워놓았어요. 그런 다음 "복수다! 이로서 내 아들의 원수를 갚는다!"라고 외치며 불을 질러 그 곳에 있는 모든 것을 불태웠어요. 일이 모두 끝난 후 루아는 토카를 눕힌 곳으로 몸을 돌렸어요. 그러자 놀랍게도 생기발랄한 토카가 씩씩한 모습으로 자신의 앞에 서 있었어요.

"아빠."

"내 아들아!"

아빠와 아들은 말로 표현할 수 없는 기쁨 속에서 서로를 맞이했어요. 루아와 토카는 바다의 신이 사는 곳으로부터 노획한 화려한 장식물들과 기둥들을 짊어지고 돌아왔어요. 이들은 전리품에 세공된 정교한 문양들을 조각하는 방법을 마을 주민들에게 가르쳐서 그들의 예배당과 신전에 새길 수 있도록 하였어요. 이리하여 위대한 족장 루아는 바다의 신인 탕아로아로부터 아들 토카를 구해낼 수 있었답니다.

8

커다란 기쁨 니와레카,
나선 문양 문신의 기원에 대한 설화

　쾌활한 성격의 마오리 족장의 딸이 섬 안의 작은 마을에서 살고 있었어요. 그녀의 어머니는 딸을 니와레카Niwareka, 즉 커다란 기쁨이라 불렀지요. 다정하고 온화한 성격의 그녀는 부족에서 가장 명랑한 얼굴과 목소리의 소유자였어요.

　원정 전쟁을 성공리에 마친 부족민들이 끔찍한 식인 잔치[37]를 즐길

---

[37] 폴리네시안 제도에 위치한 섬들에서 찾아볼 수 있는 식인 풍습 역시 마오리 사회에서도 존재했다. 이들은 적을 죽여 그 뼈와 살을 취하는 과정을 통해 상대방의 영적 기운인 마나

때면, 잔인한 행위를 차마 지켜볼 수 없었던 니와레카는 숲으로 사라져 연회가 끝날 때까지 돌아오지 않곤 했어요. 고령의 전사들은 그녀의 이런 행동에 눈살을 찌푸렸어요. 니와레카가 성인이 되어 갈수록 그녀의 아름다운 외모와 상냥하고 유쾌한 성격은 온 부족민의 마음을 사로잡았답니다. 그러나 부족장의 딸로서 그녀는 의연하게 살육의 광경을 지켜보고 그 잔인함을 견뎌 내어야 했지요.

니와레카는 곧 용맹스럽기로 유명한 다른 부족의 족장인 마타오라 Mataora와 약혼하게 되었어요. 보름달이 뜬 어느 날, 마타오라와 그의 부족민들은 레슬링 게임에 참여하기 위해 니와레카의 부족을 방문하게 되었고, 그 곳에서 니와레카를 처음 만나게 되었지요. 맑고 화창한 어느 날 밤, 젊은이들이 모인 가운데 춤사위가 벌어졌어요. 마타오라의 부하들은 니와레카의 부족의 젊은 남녀들과 함께 재빨리 튀어 올라 뜀을 뛰거나 리듬감 있는 노래를 부르고 얼굴을 찡그리기도 하며, 서로의 관심을 차지하기 위해 경쟁하였어요. 열기가 최고조에 이르렀을 때였어요. 춤을 추던 이들의 반대편에 있던 이들이 앞으로 들고 나기를 반복하며 발을 굴러댔고 땅이 흔들렸어요. 니와레카와 하녀는 나무 아래에서 이 광경을 지켜보고 있다가 순간 자신이 들고 있던 커다란 망토를 벗어 던졌어요. 그리고 나서 구릿빛 팔과 다리에 술이 달린 망토만을 허리에 두른 채로, 두 부족들 사이로 뛰어 들어갔답니다. 두 처녀는 경쾌하고 화려한 자세로 그 곳에 있는 모든 이들을 압도했어요. 훤칠한 니와레카

(Mana)가 자신의 것에 더해져 더욱 강해진다고 믿었다.

는 우아함으로 가득한 모습이었어요. 니와레카가 자신의 자태에 감탄하는 군중들 앞에서 이곳 저 곳으로 빠르게 뛰어오를 때마다, 그녀의 커다란 두 눈이 달빛에 환히 빛났고 곱슬 거리는 검은색 머리칼이 해맑은 얼굴에 찰랑거렸어요. 그 곳에 있던 모두가 니와레카의 아름다움과 우아함에 반해버렸고, 그녀의 모습과 여린 목소리는 신나게 노래를 부르는 모든 사람들의 주목을 받았어요.

깊은 밤이 되자 어른들은 항상 그랬듯이 젊은이들을 남겨놓고 움막으로 돌아갔고, 한여름 밤에 벌어진 이들의 춤사위는 그 이후로도 계속되었어요. 마타오라와 그의 부하들은 손님들을 위한 숙소를 제공받았어요. 파티가 끝나고 마타오라는 잠을 자기 위해 침낭으로 들어갔지만 도무지 잠을 이룰 수 없었어요. 마침내 그는 외쳤어요.

"루아Rua, 잠이 오질 않는군. 아무래도 내가 니와레카와 사랑에 빠졌나 보오. 춤을 추던 그녀의 아름다운 모습이란! 얼마나 우아하던지요. 그녀의 목소리는 마치 방울새의 노래처럼 맑고 앙증맞았소. 그녀와 따로 만나서 말해야겠소. '위대한 전사인 내가 당신을 아내로 맞이하고 싶소'라고 말이오."

그러자 루아가 대답했어요.

"저 또한 종종 아리따운 니와레카를 지켜보았습니다만, 그녀가 해지기 전 하녀와 함께 숲 속 너머에 있는 개울가에서 목욕을 하는 것 같습니다. 목욕이 끝난 후 담소를 나누며 근처를 배회하거나 나무 아래서 실뜨기 놀이[38]를 하더군요. 그 때를 노려 그녀에게 말씀해 보시지요. 족장님의 위대한 공이 이곳에까지 널리 알려져 있습니다. 당신의 용맹스런 마음은 니와레카의 눈길에 기죽지 않을 것입니다."

"루아, 고마운 말씀이오. 그대가 내 마음의 갈증을 해소시켜 주었소. 지금 가서 내게 시원한 샘물을 떠다 주시오. 그걸 마시고 잠자리에 들겠소."

마타오라가 말했어요. 루아는 족장의 명령에 따라 조롱박을 들고 나섰어요. 물을 길어 온 루아는 마타오라가 물을 받아 마실 수 있도록 퍼온 물을 그의 양 손에 부었어요. 높은 위치에 있는 족장은 그의 부하가 조롱박에 떠온 물에 직접 입을 대어 마시지 않기 때문이었지요.

다음 날 마을에서 열린 레슬링 경기가 모두 끝난 후, 마타오라는 숲 속에서 니와레카와 그녀의 하녀들을 발견했어요. 마을 사람들과 잠시 이야기를 나눈 후, 그는 그녀를 따라갔어요. 숲 속으로 들어가 개울가로 이어진 길을 따라갔고, 제방 위에 니와레카와 그녀의 하녀들이 함께 있는 것을 보게 되었어요. 즐겁게 이야기를 나누고 있는 그녀들의 목과 머리는 코와이Kowai[39] 나무의 황금빛 꽃들로 휘감겨 있었어요. 검은 투이새들이 나무에 풍성하게 자란 노란 꽃들 위에 모여 앉아 꿀을 빨고 있었고, 새들이 각양각색으로 지저귀는 소리가 소녀들의 명랑한 목소리와 어우러졌어요. 마타오라가 소녀들에게 다가가기 위해 성큼성

---

[38] 우리나라 전통놀이인 실뜨기와 유사한 형태의 놀이이다. 마오리 사람들은 양 손에 실을 걸어 카누, 집, 사람과 같은 모양을 만들어 내거나 신화에 등장하는 장면들을 재현하기도 한다.

[39] 뉴질랜드산 토종나무로 온화한 해양성 기후에서 서식한다. 마오리 사람들은 집을 짓거나 새를 잡는 덫을 만드는데 있어 가지가 잘 구부러지는 이 코와이 나무를 사용하였다.

큼 걷는 모습이 모아새의 걸음걸이와 닮아있었어요. 니와레카는 그녀에게로 다가오고 있는 마타오라의 당당한 귀공자 같은 모습에 감탄하여 그를 몰래 훔쳐보았어요. 니와레카는 전장에서 활약한 그의 용기와 정신력에 대해 익히 알고 있었어요. 때로는 잔인한 전사이기도 한 마타오라는 강인함이 묻어 나오는 목소리로 그녀에게 다정한 미소와 말을 전했어요. 그녀는 다른 이들과 조금 떨어져 서 있었고 햇살과 그림자들이 그녀의 고동빛 살결 위를 비추고 있었어요. 훌륭한 전사가 자신에게 다가오자 니와레카는 수줍어했어요. 그녀는 망토의 주름 사이로 손을 넣어 노끈을 꺼낸 다음 친구 중 하나를 불러내어 함께 실뜨기 놀이를 하려던 참이었어요. 그 때 마타오라가 니와레카의 팔에 손을 얹더니 부드러운 목소리로 말했어요.

"나와 단 둘이 함께 이야기하는 것을 두려워하지 마시오. 오, 니와레카, 아름다운 빛이여. 그대의 모습이 그대의 이름과 잘 어울리는 군요. 제 눈은 기쁜 마음으로 당신을 바라보고 있습니다. 나의 영혼은 간절하게 당신의 사랑을 찾고 있소. 나의 집으로 함께 갑시다. 당신의 마을 뒤에 멀리 있는 푸른 언덕의 가장자리 너머로 내 부족의 튼튼한 파Pah[40]가 바닷가에 지어져 있소. 나와 함께 그 곳으로 가 위대한 부족장인 마타오라의 아내가 되어 주시오."

니와레카가 한숨을 쉬며 대답했어요.

---

[40] 마오리 사람들은 식량을 훔치고자 하는 부족들의 습격을 막기 위해 파라고 부르는 요새를 쌓았다. 파는 바닷가 절벽 혹은 산등성이로 둘러싸여 있는 형태를 지니고 있으며, 곳곳에 꼿꼿이 세워진 통나무 담벼락들이 내륙에서 접근하는 적들의 침입을 방어한다.

"제 마음은 먼 곳에 있는 당신의 집을 두고 탄식하는 것이 아니랍니다. 광활한 바다에서 들려오는 소리 때문도 아닙니다. 저는 저의 주변 사람들을 사랑하고 숲 속의 개울이 노래 부르는 것을 좋아하지요."

그녀는 하녀들과 저 아래의 개울가를 사랑스럽게 바라보았어요.

"나는 지위가 높은 사람이요. 영향력이 강한 많은 부하들을 거느리고 있으며 나의 부족은 전장에서 용맹을 자랑하지요. 그러나 오! 숲 속의 향기로운 꽃과 같은 당신이 없다면 나의 지위와 이 힘은 산천에 널린 황량한 바위와도 같소."

마타오라는 격정적으로 말했어요. 엄청난 사랑의 빛이 그의 근엄한 얼굴을 비추고 있었지요. 바위투성이인 지상의 풍경위로 햇살이 쏟아져 내려 눈부시게 아름다운 모습으로 빛나는 것처럼, 마타오라의 근엄한 얼굴은 위대한 사랑이 자아낸 빛으로 환히 빛났어요.

니와레카는 마타오라를 바라보지 않았지만 그의 격렬한 구애에 감동해 버렸어요. 그녀는 단단하고 유연한 손가락으로 실뜨기 놀이를 해대며 깊은 생각에 잠겼어요. 니와레카 역시 용맹스러운 전사 마타오라를 사랑하게 된 것이었어요. 그녀의 가슴 위에 그려진 신성한 녹암 무늬가 벌렁거리는 심장과 함께 위 아래로 움직이기 시작했어요. 그러나 니와레카는 그녀의 사랑을 아무렇지 않게 고백하지 않았어요. 마타오라는 니와레카의 매끈한 구릿빛 살결이 붉게 상기되고 입술 한 쪽이 파르르 떨리는 것을 보았고 조용히 말했어요.

"오, 니와레카. 나는 아내가 없는 몸이오. 나는 냉정하게 말하고 차가운 성격의 소유자였소. 오직 전쟁과 모아새를 사냥할 때에만 기쁨을 느끼는 사람이었소. 의기양양한 모습으로 당신을 나의 오두막으로 데려가고 싶소. 그 곳은 나의 조상들의 모습이 새겨져 있는 웅장하고 화려한 곳이오. 당신은 크고 부드러운 깃털로 만든 깔개를 사용할 것이고 엄청나게 큰 쿠마라 밭을 가꾸게 될 것이오. 당신을 위한 연회와 놀이들로 가득한 날이 여러 날 이어질 것이고 모든 처녀들이 훌륭한 족장 마타오라의 아내를 부러워할 것이오. 당신의 명령에 따라 카누는 광활한 바다를 누빌 것이고 적들의 머리는 당신의 양 발 앞에 대령될 것이오."

이야기를 마친 마타오라는 그녀 앞에 조용히 다가섰어요.

"저는 적들의 머리를 원하지 않아요."

니와레카가 조심스럽게 말했어요.

"그렇다면 당신의 오두막 기둥을 적들의 머리로 장식하여 그 곳을 방문하는 모든 이들이 두려움에 떨도록 하겠소."

그녀의 긴 속눈썹 사이로 흘러나온 수줍은 사랑의 눈길이 마타오라를 비추었어요. 니와레카는 그녀의 손을 마타오라에게 올리고 부드럽게 말했어요.

"오직 저의 남편만이 제 가슴을 기쁨으로 전율케 할 것입니다."

그러자 마타오라가 위풍당당하게 말했어요.

"오, 니와레카. 당신의 하느님은 바로 나요. 당신의 너그러운 말이 나의 가슴을 턱 아래로까지 높이 뛰게 만들었소. 숲 속의 나무는 땅으로 쓰러질 때까지 자신의 기운을 여린 덤불에게 나누어주지요. 고로 나의 팔의 힘과 창은 영원히 당신의 것이오. 오로지 죽음의 여신 히네만이 당신과 나를 떼어놓을 수 있을 것이오."

"죽음의 여신이라."

니와레카는 상냥한 미소를 지으며 마타오라의 말을 메아리처럼 따라 했어요.

　　"내 님인 그대가 우리들의 사랑을 이야기 하는 지금 이 순간 죽음의 여신에 대해 이야기하지 않게 해주세요. 여신님은 어떤 것은 일찍이, 또 어떤 것은 조금 늦게 모든 것을 집어 삼켜버리죠. 나는 히네를 두려워하지 않아요. 야생의 새들도 자신의 짝을 찾고, 죽음에 대해서는 잊어버리고 그들의 노래를 부르죠."

　　니와레카의 눈부신 검은 두 눈이 기쁨에 빛났어요. 사랑이 그녀의 곁에 있는 가운데 죽음은 멀게만 느껴졌어요.

　　그리하여 마타오라는 니와레카와의 사랑을 이루고 함께 마을로 돌아갔어요. 그날 이후로 하녀들과 함께 일과 놀이를 하던 니와레카의 목소리는 더욱 명랑하게 울려 퍼졌고, 그녀의 귀여운 얼굴은 더욱 환하게 빛이 났어요. 그녀의 부족사람들은 니와레카가 마타오라와 결혼하는 것을 허락하였고, 두 사람은 멋진 연회와 춤으로 가득한 결혼식을 치렀어요. 니와레카는 그녀가 사는 곳에서 멀리 떨어진 바닷가 근처의 마타오라의 집으로 떠나게 되었고, 마을 사람들은 더 이상 명랑하고 웃음 가득한 니와레카를 볼 수 없게 되었지요.

　　긴 여행 끝에 부부는 해안가 언덕에 견고하게 세워져 있는 마타오라의 요새에 도착했어요. 모닥불이 불타고 그 그림자들이 오두막에 아른거리는 가운데, 부족민들이 마을의 광장에 이리 저리 모이기 시작했어요. 니와레카와 그녀의 남편이 광장의 중심부 가까이에 있는 말뚝 울타리로 다가갔고, 그녀는 기둥 이곳저곳에 여러 전사들의 머리가 붙어

있는 것을 보고 소스라치게 놀랐어요. 조롱의 의미로 기둥 주위에 감아 놓은 망토가 바람에 흔들렸어요. 머리통들이 밤바람에 흔들리며 고개를 까딱거리는 가운데 섬뜩한 불빛 속에서 마치 그녀를 보고 씩 웃고 있는 것 같았어요. 니와레카는 몸서리를 치며, 망토를 얹은 오븐에서 분주히 저녁 식사를 만들고 있는 부족민들 사이를 지나 남편의 오두막으로 향했어요. 마타오라의 마을 사람들은 부족장이 아내를 데려올 것이라는 것을 알지 못하고 있었어요. 루아가 니와레카를 소개하자 그들은 큰 소리로 그녀를 환영하였고, 밤늦도록 잔치를 벌였어요.

한편 마을의 연장자들 중 몇 사람이 니와레카가 바람에 흔들리는 적들의 머리에 몸서리치는 것을 보았어요. 그러자 마을에서 존경받는 나이 든 전사가 입을 열었어요.

"그녀는 우리와 같은 부류의 사람이 아니군. 고운 소리로 노래를 부르는 온순한 새는 맹금류하고는 짝이 될 수 없지."

그는 하얗게 센 머리를 가로 저었어요.

마타오라의 부족은 전쟁을 좋아하고 난폭하기로 유명했어요. 계절이 변하고 날이 갈수록 니와레카는 점점 더 남편의 사람들 사이에서 이방인이 되어가는 기분이 들었어요. 마타오라와 그의 용감한 부하들은 마을에서 가장 잔인하고 사나운 여인들과 함께 전장에 나가고, 남은 여인들은 앞으로 벌어질 승리의 잔치에 대한 끔찍한 이야기를 나누곤 했어요. 그럴 때면 니와레카는 깊어가는 외로움 속에 그 어느 때보다도 우울해 했어요. 그녀는 오랜 친구들, 그리고 바위와 개울가에서 보낸 유쾌했던 지난 추억들을 그리워했어요. 니와레카는 다른 아낙네들처럼 망토와 바구니를 짜며 집안일을 하고 자신의 쿠마라 밭을 경작했어요. 하지만 여인의 유쾌한 목소리는 이내 잠잠해졌고 기쁨도 사라졌어요. 그녀는 전장에서 돌아오는 남편을 맞이하는 것에도 마음이 설레지 않았어요. 전장에서 돌아온 후 벌어지는 승전행사는 곧 포로들을 잔혹하게 학대하는 것을 의미하기 때문이었죠. 그녀는 패배한 적의 육신으로 치르는 승전 의식에도 참여하지 않았어요. 그녀가 승전 의식에 참석하지 않음을 알게 된 전사들은 몹시 화가 났어요. 니와레카는 날이 갈수록 말이 없어지고 우울한 모습으로 변하였고 가끔 멀리 떨어진 백사장 위를 거닐곤 하였어요. 오두막 안에서 남편과 그의 전사들이 잔치를 벌이는 날에는 입을 꾹 다물고 말하지 않았어요. 전사들은 그녀의 오두막의 닫힌 문을 바라보며 말했어요.

"온순한 새와 맹금류가 어떻게 짝이 될 수 있겠나?"

마타오라는 이들이 야유하는 소리를 들으며 냉소와 조롱 속에 니와레카를 찾아 갔고 그녀를 위협하며 말했어요.

"당신은 전사의 아내가 아니오! 어린 전사의 엄마가 될 자격도 없소!"

니와레카는 남편의 말에 가슴이 찢어졌어요.

"그의 눈에 난 더 이상 즐거워 보이지 않나 봐."

그녀가 중얼거렸어요.

"내가 부르는 사랑의 찬가는 여기까지예요."

어느 날 밤, 이웃 부족과의 성공적인 전투를 마친 전사들은 적들의 사체를 들고 마을로 돌아왔어요. 사체들은 날카로운 조개껍데기로 목이 잘려나가고 훼손된 상태였어요. 니와레카는 나무 뒤에서 승리의 기쁨에 취해 적들의 시신으로 잔치를 벌이는 끔찍한 광경을 보고서 몸서리쳤어요. 그녀는 남편이 이리 저리 흩어진 무리들 사이를 지나다니는 것을 보았어요. 아내가 자신의 부하와 가족들 무리에 섞여있지 않은 것을 알게 된 그의 얼굴은 굳어 있었어요. 니와레카는 "당신은 전사의 아내가 아니오! 어린 전사의 엄마가 될 자격도 없소!"라고 소리쳤던 남편의 모습을 떠올렸어요. 그의 모진 말에 니와레카의 가슴이 찢겨 나갔지요. 마타오라는 더 이상 그녀를 사랑하지 않고 있었어요. 니와레카는 외롭고 고통스러운 마음으로 말했어요.

"영혼의 세계로 떠나고 말겠어."

그리고 개울가 근처에서 구애를 하고 자신의 마음을 사로잡았던 마타오라가 했던 말을 떠올렸어요.

'오로지 죽음의 여신만이 당신과 나를 떨어뜨릴 수 있을 것입니다.'

니와레카는 흐느끼며 고요한 밤 속으로 사라졌고, 그 후로 다시 모습을 보이지 않았어요.

마타오라는 어린 아내가 자신을 떠났다는 것을 알고 슬픔에 사로잡혔어요. 비록 모진 말을 내뱉었지만 그는 그녀를 매우 자랑스러워하며 열정적으로 사랑하고 있었기 때문이었죠. 마타오라는 아내의 고운 마음씨와 그녀를 처음 만났을 때 마주했던 아내의 명랑한 태도를 떠올렸어요. 니와레카의 슬픈 얼굴을 기억하며, 마타오라는 아내를 조롱했던 것을 몹시 후회하였어요. 슬픔에 잠긴 채 아내를 찾아 이곳저곳을 헤맸지만 그녀를 찾을 수 없었어요. 그러자 그는 부족의 여성 제사장과

이 일을 상의하였고 그녀는 한참을 점을 보더니 입을 열었어요.

"그녀는 영혼의 세계로 떠났습니다."

"그녀를 찾아 다시 데려올 것이오. 아무도 나를 따라오지 않게 하시오."

마타오라가 말했다.

"위대한 전사가 홀로 길을 떠나는 것은 어울리지 않습니다."

그의 부하가 말하며 함께 가기를 간청했어요. 하지만 마타오라는 단호하게 말했어요.

"아내는 홀로 고요한 밤 속으로 사라졌소. 부디 내가 평안히 어두운 그늘을 통과하게 해주시오."

마타오라는 성큼성큼 그들을 지나쳐 걸어갔고 마을을 떠나 컴컴한 밤 속으로 걸어 들어갔어요. 샛별 타웨라Tawera가 잿빛 하늘 위에서 맑고 청아하게 반짝이는 가운데, 마타오라는 드넓게 펼쳐진 황야를 걸어 하늘과 땅의 신인 랑이와 파파투아가 서로를 끌어안은 곳인 황야의 끝으로 이동했어요. 점점 더 길은 멀어지는 것 같았고 걸어가는 것이 지루하게 느껴졌지요.

수일이 지나자, 그는 영혼의 땅의 수호자 쿠-와타-와타Ku-wata-wata[41]가 살고 있는 곳에 다다랐어요. 마타오라는 그에게 말했어요.

"나는 죽음의 여신을 찾고 있소."

"초대받지도 않고서 죽음의 여신을 찾아 나서다니 용기 있는 자로군."

---

41 쿠-와타-와타는 틈 사이의 빛이라는 뜻이다. 이 이야기에서 쿠-와타-와타는 천국으로 향하는 문을 지키는 인물로 등장하는데 폴리네시안 신화에서도 등장한다.

쿠-와타-와타가 대답했어요.

"난 아내를 집어 삼킨 죽음의 여신을 두려워하지 않소. 혹시라도 내 아내를 본 적이 있소?"

마타오라가 묻자 쿠-와타-와타가 대답했어요.

"그녀를 본 적이 있지. 아리땁고 마음씨 좋은 여인이었어. 하지만 그녀의 입술은 슬픔으로 늘어뜨려져 있었어. 이곳을 재빨리 지나가더군."

"그녀가 니와레카요. 죽음의 여신을 어디서 만날 수 있는지 말해주시오."

마타오라가 말을 이을 때 그는 죽음의 여신 히네가 입을 벌린 채 있는 것을 보았어요. 그녀의 눈은 빛으로 번쩍거렸고 날카롭고 험악한 이빨들이 들쭉날쭉하게 드러나 있었어요.

"내가 왔소, 니와레카! 당신에게 왔소!"

마타오라가 소리쳤어요. 그는 힘껏 도약하여 죽음의 여신의 혀에서 죽음의 땅으로 뛰어 내렸고, 어두컴컴한 땅 위에 조용히 선 채로 사랑하는 아내의 목소리가 들리기 만을 기다렸어요. 하지만 어린 아내의 부드러운 목소리와 상냥한 미소는 찾아볼 수 없었어요. 마타오라는 어둑하고 광대한 그늘에 홀로 서 있었지만, 사랑하는 아내를 찾고 있었기에 두려운 마음은 없었어요. 절망에 가까운 상태에서 침착하게 용기를 낸 그는 길을 헤매며 이따금씩 "니와레카! 니와레카!"라고 외쳤어요. 하지만 사방은 조용했어요.

낮과 밤이 존재하지 않는 오랜 시간이 지났어요. 마타오라는 서로

뒤엉켜 있는 거목들 앞에 도달하게 되었는데 그 모습이 마치 몹시 괴로워하며 서로의 팔을 내뻗은 것처럼 보였어요. 나무 아래에는 한 사내가 불을 지키고 있었어요. 사내는 지하세계에서 뛰어난 문신쟁이로 소문난 우에통아Uetonga[42]였어요. 마타오라를 발견한 우에통아는 앞으로 다가가 그를 바라보며 말했어요.

"당신은 문신을 하지 않았군. 내가 문신을 새겨주지."

그러나 마타오라가 말했어요.

"상관없소. 그냥 이대로 두시오. 혹시 최근에 이 길을 지나가는 여인을 본 적이 있소?"

"아리따운 여인 한 명을 보았지. 하지만 그녀의 입술은 슬픔으로 늘어뜨려져 있었고, 흐느껴 울며 지나가더군."

우에통아가 대답했어요.

"그 여인은 니와레카요."

마타오라는 한숨을 쉬었어요.

"그녀가 어디 있는지 말해 주시오."

"나를 통과하지 않으면 그녀를 만날 수 없네."

우에통아가 말했어요.

"내가 문신을 제대로 하나 새겨주지. 그러면 그대는 비록 고통 속에서라도 그녀를 볼 수 있을지도 몰라."

---

[42] 우에통아는 억누른 고통이라는 뜻이다. 마오리 신화에서 하늘과 땅인 랑이와 파파투아의 마지막 자녀인 지진의 신 루아우모코(Ruaumoko)의 손자로 알려져 있는 우에통아는 밤의 세계에 산다.

우에통아의 말을 따라서 마타오라는 땅 위에 몸을 뉘였어요. 힘센 전사 마타오라도 문신을 새기기 위해 누운 모습은 무력한 어린 아이와도 같았지요. 우에통아는 나선 형태로 문신[43]을 새겨 주었고 이 문양은 지금까지도 '우에통아의 문신'이라고 불리고 있답니다.

문신을 새기는 고통은 대단했어요. 마타오라의 영혼은 고통을 느끼며 몸부림 쳤고, 그는 아내에게 했던 모진 말과 구타행위를 떠올렸어요. 이따금씩 그는 감정에 복받친 목소리로 읊조렸어요.

오 니와레카, 커다란 기쁨이여.
당신을 향한 나의 사랑은 불타오르고 있어요.
내가 있는 이곳 어두운 땅으로
오 니와레카, 커다란 기쁨이여.
돌아와요, 내게—돌아와요.

그와 멀지 않은 곳에 있던 니와레카는 나무 뒤에 가려져 있었어요. 그녀는 자신의 거주지 앞에 앉아 망토를 짜고 있었어요. 니와레카는 누군가 무언가를 읊조리는 소리를 들었지만 무슨 내용인지는 알 수 없었어요. 그러나 그 소리가 마타오라의 목소리와 비슷하다는 것을 알아차리자, 니카레와의 호흡은 거칠고 빨라졌어요. 그녀는 몸을 일으켜 문신

---

[43] 마오리 고유의 문신술인 모코에 있어 가장 기본적인 패턴으로 코루(Koru)라고 불린다. 뉴질랜드의 상징인 고사리의 잎사귀와 비슷한 이 문양은 새로운 시작과 성장, 부활을 의미한다.

새기는 일이 벌어지는 장소로 다가갔어요. 하지만 마타오라의 얼굴은 그녀를 외면하고 있었고 그의 목소리는 문신의 고통 때문에 다르게 들렸답니다. 니와레카는 그 남자가 자신의 남편이 아닐 것이라고 생각했어요. 니와레카가 다가오는 것을 본 우에통아는 그녀에게 돌아가라고 일렀어요. 니와레카는 사내의 말을 듣고 아마를 짜는 곳으로 되돌아갔지만 그녀는 온통 마타오라에 대한 생각뿐이었어요.

밤이 되자 우에통아의 명령에도 불구하고 니와레카는 다시 그 곳으로 돌아왔어요. 그녀는 홀로 누운 채 조용히 문신의 고통을 삼키고 있는 청년에게 다가가 말했어요.

"청년이여. 당신의 노래를 다시 불러보시지요."

그녀가 자신의 아내인 것을 안 마타오라의 가슴은 뛸 듯이 기뻤어요. 그는 낮은 목소리로 니와레카에게 노래를 불러주었어요.

말해주시오, 누가 당신의 사랑인지?
서쪽에다가 말해 보시오.
남쪽에다가도 말해 보시오.
그 다음 북쪽에다가도 말이오.
저 하늘 위에 있는 별들에게 속삭이시오.
달에게도 속삭여주시오.
나는 쓰러진 나무에 불과하오.
말해주시오, 누가 당신의 사랑인지?
향기로운 고사리가 그 달콤함을 풍기고 나의 열망을 키워주는
그 곳에서 나는 당신의 말을 잘 들어주는 사람이 될 것이오.

말해주시오, 누가 당신의 사랑인지?
나는 쓰러진 나무에 불과하오.
말해주시오, 누가 당신의 사랑인지?

마타오라는 니와레카에게로 얼굴을 돌렸고, 그 청년이 위대한 사랑을 위하여 아내를 찾으러 온 자신의 남편이란 것을 알게 된 니와레카의 두 눈은 기쁨으로 빛이 났어요.

그리고 그녀가 말했어요.

"오, 마타오라. 당신은 내가 사랑하는 사람이에요."

그녀는 마타오라를 자신이 살고 있는 곳으로 데려갔어요. 그 곳에서 문신의 상처가 치유될 때까지 남편을 보살폈고 그가 고통을 더 이상 느낄 수 없도록 사랑의 말들을 이야기했어요. 마타오라는 아내에게 말했어요.

"우리 저 위의 세상으로 돌아갑시다."

마침내 그녀는 그와 함께 돌아가기로 마음을 정했지요.

오랜 여정 후 이들은 영혼의 세계의 경계를 지키고 있는 수호자가 사는 곳에 다다랐어요. 마타오라가 그에게 말했어요.

"내 아내를 찾았소. 우리는 저 위의 세계로 함께 돌아가고자 하오. 길을 열어주시오."

"밤과 침묵의 출입구를 열기 위해서는 대가를 지불해야 하네. 당신의 아내가 영혼의 세계에서 입으려고 만든 망토라도 말이야."

쿠-와타-와타가 대답했어요. 그러자 니와레카가 말했어요.

"영혼의 세계에서 제가 입을 망토를 짜기 시작했지만 끝마치진 못했어요. 제 남편의 위대한 사랑과 고통이 저를 곧바로 다시 이곳으로 데리고 왔죠."

그 말을 들은 쿠-와타-와타는 그녀의 두 눈이 기쁨으로 빛나고 있는 것을 보았고, 마타오라에게 말했어요.

"그냥 지나가게. 자네가 이 밤과 침묵의 출입구를 닫고 나면 앞으로는 그 누구도 이런 식으로 지상에 돌아갈 수 없을 거네."

마타오라는 쿠-와타-와타의 말 대로 출입구를 닫아버렸어요.

그리하여 둘은 지상의 세계에 있는 집으로 돌아왔고, 마타오라는 우에통아가 새긴 새로운 나선 문양의 문신을 자신의 부족민들에게 가르쳐주었답니다.

땅거미가 바다 위로 지고 어두운 밤이 오면, 자녀들과 실뜨기 놀이를 하는 니와레카의 명랑한 목소리가 울려 퍼졌어요. 실뜨기 놀이 도중 노끈이 마치 하품하는 듯 크게 벌어진 입 모양으로 펼쳐지면, 그녀는 "이건 죽음의 여신 히네의 입이란다."라고 말하며 미소 짓곤 했어요. 그리하여 실뜨기로 재현된 그 형상은 오늘날 마오리 사람들 사이에서 '히네의 입'이라고 불리게 되었답니다.

9

이나와 달의 신,
마라마

　먼 옛날, 태평양 연안의 어느 아름다운 섬에 '눈 먼 키우'Kiu-the-blind
라 불리는 나이 든 여인이 살고 있었어요. 그녀에게는 네 명의 아름다
운 딸들이 있었는데, 그 중에서도 막내 딸 이나Ina가 가장 예뻤답니다.
그녀는 달이 뜨는 밤이면 종종 조롱박을 가지고 나무가 우거진 도랑 구
석진 곳을 따라 흐르는 개울가로 나가, 가족들이 마실 물을 길어오곤
하였어요. 반짝이는 야자수들이 한여름 밤의 미풍에 잎사귀를 바스락거
리고 시냇가의 잔물결들이 달빛 아래 일렁이는 달밤을 그녀가 유독 좋
아하기 때문만은 아니었어요. 바로 그녀의 연인을 만나 나무 그늘 안에

서 달콤한 이야기를 속삭일 수 있었기 때문이었지요.

하늘 위 높이 떠 있던 달의 신 마라마Marama[44]가 이나를 보게 되었고, 예쁜 그녀를 대단히 사모하게 되었어요. 이나를 지켜보며 그녀의 시선을 갈구하는 마라마에게, 하늘과 별빛은 더 이상 아름답지도 밝게 빛나지도 않았어요. 마라마는 아리따운 이나를 자신의 아내로 삼기로 결심하였고, 하늘에 떠 있는 구름 뒤에서 지켜보며 그녀가 다시 물을 길러 개울가로 나오기만을 기다렸어요. 그러나 마라마는 수일 밤 뭉게구름 뒤에서 부질없이 그녀를 바라만 볼 수밖에 없었어요. 이나의 곁에는 항상 그녀의 연인이 함께 있었고, 이들이 부드럽게 사랑의 말을 속삭일 때마다 마라마는 가슴이 아팠어요.

어느 날 밤, 이나의 연인이 낚시를 하러 간 사이였어요. 산들바람이 불어왔고 파도는 산호초와 조개껍데기로 뒤덮인 해안가를 철석이며 감미로운 음악을 연주해댔어요. 집에 있던 이나는 그녀의 연인이 피리소리로 신호를 보내주기만을 기다리며 밖에서 들려오는 소리를 듣고 있었어요.

신께 제사를 지내기 위해 코코넛 낙엽을 태워 피워 놓은 모닥불이 오두막 안을 환히 밝히고 있었어요. 이나는 그녀의 친구들과 언니들이 가물거리는 모닥불 주변에 다리를 꼬고 앉아 즐겁게 재잘거리는 소리를 들었어요. 그들의 얼굴, 팔과 다리는 달콤한 향이 나는 오일을 발라 번들거리고 있었어요. 늦은 밤이었지만 이나는 이들의 눈에 띄지 않게 자

---

[44] 마오리 신화에서 달의 신은 남성으로 등장한다. 음기가 강한 달이 모든 여성들의 배우자를 상징한다고 여겼기 때문이다.

리를 떠서 다음날 아침에 필요한 물을 길어 와야겠다고 생각했어요. 아마로 짠 낡은 바구니를 적시고 아궁이에 깔린 뜨거운 돌 위에 뿌릴 물이 필요했기 때문이었죠. 그녀는 낚시터에서 늦게까지 머물러 있는 연인의 소식을 궁금해 하며 조롱박을 손에 들고 숲으로 향했어요. 어두컴컴하고 험난한 오솔길을 걷자 이나의 마음은 두려움으로 가득했어요. 깊은 협곡은 쓸쓸하고 음울해 보였고 그녀는 연인의 쾌활한 목소리가 들리기만을 귀 기울였어요. 그러나 그녀의 귀에 들리는 것이라곤 작은 개울가의 물결 소리와 저 멀리 해안가의 철썩이는 파도 소리뿐이었어요.

한편 마라마는 천천히 흐르는 구름 뒤에서 달빛을 뿜어내고 있었어요. 그는 험난한 길을 나아가는 이나를 염려했지만 이따금씩 달빛만을 비출 뿐이었어요. 밤의 아름다움에 젖은 이나의 연인이 그녀를 찾아 서둘러 낚시터에서 돌아오는 것이 두려웠기 때문이었죠. 발을 헛딛는 것이 불길한 징조인 것을 알고 있는 이나는 자신의 발이 수차례 돌과 나무뿌리에 부딪히자 마음이 울적해졌어요. 때문에 그녀와 연인이 마을 축제에서 함께 춤추고 기뻐하며 즐거운 시간을 만끽할 수 있는 새로운 한 해가 다가왔음을 알리는 플레이아데스Pleiades 성운45이 수평선 위로 높이 떠 있는 것을 보아도 기운이 나지 않았어요. 이나가 나무 아래를 지나갈 때 즈음 나뭇가지에 있던 거미 한 마리가 그녀의 등 위로 떨어

---

45 뉴질랜드 하늘에 5월 말에서 6월 초에 등장하는 이 성운은 마오리 사람들에게 새로운 한 해의 시작을 의미한다. 마타리키(Matariki)라고도 부르는 이 기간 동안 부족들은 새해를 축하하는 의식을 진행한다.

졌어요. 또 다시 불길한 징조였어요! 아! 차라리 그녀의 앞으로 떨어졌더라면. 이나는 어떤 불길한 일이 그녀와 연인에게 닥칠지 몰라 우울한 마음으로 걱정했어요. 험난하고 어두운 길을 지나던 이나는 구름 뒤에 숨어버린 달을 비난하며 단호하게 그의 이름을 불러댔어요.

"이런 얄미운 바보 천치 달 같으니라구!"

이나는 반복해서 소리 질렀어요. 그러자 그녀가 내뱉는 과격한 말들을 듣고 있던 마라마는 하늘에게 맹세했어요. 그녀가 허락을 하던 안하던 오늘 밤 반드시 그녀를 자신의 신부로 데려갈 것이라고 말이에요.

마침내 이나는 깨끗한 연못에 도착하여 조롱박으로 물을 퍼 담았어요. 나무 고사리를 등지고 휴식을 취하고 있는 그녀 위로 기다란 은빛 잎사귀가 축 늘어져 있고 가물거리는 불빛과 그림자가 그녀의 머리 위를 맴돌고 있는 것을 바라보며, 마라마는 그녀의 모습이 매우 아름답다고 생각하였어요. 이나의 머리카락은 마치 먹구름처럼 헝클어져 꽃처럼 빨간 그녀의 입술에 얽혀 있었어요. 웅덩이를 비추는 달빛의 밝기는 우두커니 서서 연인을 생각하는 그녀의 사랑의 눈빛에 비할 수 없었지요. 더 이상 기다릴 수 없던 마라마는 그가 살고 있는 달을 떠나 지상으로 내려갔고, 젊고 잘생긴 청년의 모습으로 그녀 앞에 섰어요. 나뭇가지와 개울가를 환하게 비추는 광채에 깜짝 놀란 이나는 고개를 들어 자신 앞에 서 있는 마라마를 바라보았어요. 마라마는 달콤한 말로 아리따운 이나에게 구애했고, 귀에 들려오는 감미로운 마라마의 목소리에 사로잡힌 이나는 그의 앞에 꼼짝하지 않은 채로 서 있었어요.

"두려워하지 말아요, 아름다운 여인이여. 당신을 사랑합니다. 나와 함께 갑시다. 그 곳에는 당신의 밝은 눈빛에 견줄 수 없는 빛줄기가 있고, 꽃 같은 여인인 당신의 아름다움 앞에 영원히 시들지 않는 꽃송이들도 파리해지고 말 것입니다. 나는 당신을 내 아내로 삼기 위해 별이 빛나는 저 하늘에서 내려왔답니다. 이나, 나와 함께 갑시다. 그 곳에서 당신은 영원히 늙지 않는 젊음을 노래하며 행복할 수 있을 겁니다."

마라마의 말을 알아듣지 못한 이나는 당황한 모습이었어요. 마라마의 목소리는 마치 감미로운 음악의 울림과도 같이 들려 이나는 마치 꿈을 꾸는 듯 했어요. 그녀 앞에 서 있는 자가 진정 신이란 말인가요? 이렇게 아름다운 이를 섬에서 언제 본 적이라도 있단 말인가요?

"오, 이나. 우리 함께 저 위에 별이 있는 하늘 위로 높이 올라갑시다. 죽음이 존재하지 않는 그 곳에서 당신은 영원불멸의 삶을 살 수 있는 것입니다. 당신은 절대 꺼지지 않는 빛줄기와 같은 삶을 살 것 입니다. 자, 나와 함께 갑시다."

"당신과 같이 가자구요?"

이나가 부드러운 목소리로 마라마가 한 말을 그대로 따라 했어요. 그녀는 마라마의 총기 어린 시선 아래로 시선을 늘어뜨렸고 조개껍데기로 만든 목걸이 아래 그녀의 둥근 가슴이 두근거리며 뛰었어요.

"자, 이리 와요. 저 위에서 당신과 당신의 연인을 종종 지켜보았었죠. 지상에 있는 당신의 연인은 짧은 생을 다하면 땅 위의 낙엽으로 되돌아가는 인생일 뿐 다시 살아날 수 없지요."

"아아, 나의 연인이여!"

그녀가 외쳤어요. 그녀의 연인을 이야기하는 마라마의 말이 이나를 꿈에서 깨어나게 하였어요.

"안 돼요, 안 돼."

이나는 다시금 외쳤어요.

"그 사람은 저를 사랑해요. 그는 용감하고 진실한 사람이에요!"

그녀는 흐느껴 울며 연인과 함께한 사랑의 추억을 떠올렸고 소리쳤어요.

"저는 그 사람을 사랑해요. 사랑한다고요. 아마 그도 지금 나를 기다리고 있을 거예요. 제가 이곳에서 무엇을 하고 있는 거죠? 전 반드시 그에게 돌아가야 한다고요."

이나는 몸을 숙여 조롱박을 주워 올린 다음, 해안가로 이어진 오솔길로 재빨리 뛰어갔어요.

그러자 마라마는 격노하여 소리쳤어요.

"이나, 당신이 돌아가지 못하게 할 것이오. 당신은 내 사람이오. 오로지 나의 사람이란 말이오."

이나는 비명을 내지르며 둑에 있는 야자수 나무를 팔로 얼싸안았고, 그녀의 연인에게 도와달라고 소리쳤어요. 하지만 먼 곳에 있는 연인은 그녀의 목소리를 들을 수 없었지요. 그러자 달의 신 마라마는 그녀의 허리 주위를 와락 붙잡더니, 그녀가 들고 있는 조롱박은 물론 붙잡고 있던 나무마저도 모두 뽑아서 저 하늘 위로 올라가 버렸어요.

같은 시간, 이나의 연인이 그녀를 찾고 있었어요. 고기잡이 일을 마치고 돌아온 그는 이나가 해안가에 있던 오두막에 그녀가 없는 것을 발견하곤 익숙한 그 길을 따라 서둘러 샘물가로 찾아왔어요. 이나가 그곳에도 없는 것을 확인한 연인은 크게 소리쳤어요.

"이나! 이나! 도대체 어디 있는 거요?"

그러자 연인의 목소리를 들은 이나가 대답했어요.

"달과 함께 별에게로 올라가고 있어요. 오 나를 구해줘요!"

하지만 멀리 있는 그녀의 목소리가 희미하게 들리는 바람에 연인은 그 소리가 머리 위에 있는 야자수들이 살랑거리는 소리라고 생각했어요. 연인은 오랫동안 섬에서 이나를 찾아 헤맸고 그녀를 잃은 것에 대해 대단히 슬퍼했지요.

그리하여 이나는 달의 신인 마라마와 결혼하여 함께 살게 되었어요. 부인에 대한 사랑이 지극한 마라마는 그녀를 친절하고 자상하게 대했어요. 하지만 이나는 지상에 두고 온 소중한 사람들인 어머니와 언니들, 사랑하는 연인을 애타게 그리워하였고, 오랫동안 지속된 그리움은 그녀를 지치게 만들었어요. 그렇지만 이나는 마라마에게 좋은 아내였어요. 부엌 아궁이에 사용할 마른 낙엽을 모으는 일을 열심히 도왔고, 때문에 밤하늘이 맑을 때면 그녀가 사용하기 위해 쌓아 올린 낙엽이 달에 산더미처럼 쌓여있는 것을 볼 수 있었지요.

지나간 일들이 꿈같이 느껴질 만큼 오랜 시간이 지났어요. 마라마는 항상 그녀를 다정하게 사랑으로 대하였고 결국 그녀 역시 남편을 사랑하게 되었어요. 이나의 삶은 행복하고 분주했어요. 마라마는 그녀에게 돌로 하얀 타파Tapa[46]를 두드려 얇고 반짝이는 구름으로 만든 다음,

---

[46] 뽕나무의 속 나무껍질로 만든 마오리 사람들의 옷감이다.

푸른 하늘의 모서리에 바위 조각으로 고정시켜 펼쳐놓는 법을 가르쳐주었어요.

이나는 곧 그녀에게 주어진 일을 좋아하게 되었고, 어여쁜 모양의 구름들을 만들어내기 시작했어요. 기분이 슬플 때에는 종종 너울거리는 먹구름을 만들었고, 구름들이 일정한 형태를 이루어 앞으로 굴러가는 모습을 보며 즐거워했어요. 기쁠 때에는 땅 위로 쏟아지는 햇빛의 뒤에서 가볍게 떠다니는 구름들을 털어 내기도 했어요. 몽환적인 분위기의 저녁 즈음에는 밤을 위한 폭신폭신한 휘장을 솜씨 좋게 만들어 넓게 흩뿌려놓기도 했어요. 그 모습이 너무도 멋지고 은은하여 인간들은 좀처럼 그것을 구름이라 말하지 않았어요. 일을 마치면 이나는 가만히 앉아서 맑은 밤하늘에 떠 있는 별들이 빛을 발하는 자태를 구경하곤 했어요. 큰 돌로 타파를 두들겨 급하게 새로운 모양을 만들어야 할 때에는, 돌들이 부딪히며 생기는 조각들이 땅으로 떨어지기도 했어요. 사람들은 이 때 나는 소리를 천둥이라고 하였으며, 이나가 재빨리 타파를 펼쳤을 때 반짝이는 타파 조각들을 번개라고 불렀어요.

분주한 시간이 지나가고 일에 지칠 때면, 이나는 자신이 가장 좋아하는 게임이자 지상에 있었을 때 언니들과 즐겨 했던 공 던지기를 연습했어요. 그녀가 하늘로 공을 던질 때마다 경쾌한 노래를 부르는 그녀의 감미로운 목소리가 들려왔어요. 혹시라도 공이 그녀의 손을 벗어나는 때면, 사람들은 소리쳤어요.

"저기 떨어지는 별똥별을 봐! 족장님의 왼쪽 눈이 하늘에서 안식의 장소를 찾아가는군."

사람들은 그것이 이나가 가지고 놀다 놓쳐버린 공이란 것을 알지 못했답니다.

수년이 흘렀어요. 이나는 지상에 두고 온 연인을 다시 만나 그녀가 잘 지내고 있다고 전할 수 있기를 바랐어요. 마라마는 아내의 애원에 이를 허락하였고 그녀의 연인을 달로 데려왔어요. 이나가 죽은 줄 알고 슬퍼했던 연인은 그녀를 다시 만나게 된 것에 굉장히 기뻐하였고, 자신이 이곳에 머물 수 있도록 해달라고 부탁하며 이나의 밝은 집에서 그녀를 위해 일하겠다고 했어요. 이나는 이제 여신이 되었고, 말과 생각 모두에서 그보다 훨씬 앞섰으니까요. 그렇게 둘은 이나가 구름 짜는 일을 도맡은 하늘에서 다시 결합하게 되었지요.

하지만 시간이 흘러 인간인 이나의 연인은 점점 늙어갔어요. 마라마는 이나에게 그녀의 연인은 죽음이 접근할 수 없는 자신들의 불멸의 땅을 떠나야 한다고 말했어요. 어느 저녁이었어요. 아궁이에 불을 피우기 위해 낙엽들을 한데 모았고 어둠이 밀려오는 하늘 위에는 얇은 구름들이 거미줄처럼 퍼져갔어요. 이나는 연인을 불러 야자수 아래에 있는 그녀 옆에 앉게 했어요. 그러고 나서 차분하고 낮은 목소리로 말했어요.

"저기 지상에 피어 있는 꽃들은 향기롭고 아름다워요. 아… 그렇지만 모두들 시들고 죽고 말죠."

연인은 이나의 목소리에서 그녀가 무슨 말을 할 것인지를 눈치 챘고 그녀를 자상하게 바라보았어요. 그녀의 눈을 어슴푸레 하게 만든 엷은 안개가 그녀를 슬프게 했어요.

"그래요."

연인이 말했어요.

"지상 위의 꽃들은 향기롭지만 언젠가는 시들고 말지요. 내가 사랑하는 이는 불멸의 땅으로 넘어가 신과 함께 아름다운 삶을 살고 있군요. 그녀는 더 이상 내 것이 아니지만 그녀의 향기는 내 삶을 채워주었지요."

늙은 연인은 영원한 젊음의 빛으로 빛나는 어여쁜 이나의 얼굴을 바라보았어요. 그리고 행복했던 지난날들을 떠올리며 깊은 한숨을 쉬었어요.

"위풍당당한 야자수 역시 나이가 들면 쓰러지고 말아요. 무자비한 강풍에 잘려나가 죽고 말죠."

이나가 말했어요. 그녀는 조심스럽게 말을 이었어요.

"여기 달의 나라는 행복한 시간이 흐르는 가운데 별 같이 반짝이는 세계가 시작되는 곳이죠. 죽음은 절대 이 환상의 땅에 접근할 수 없어요. 그게 제가 사랑하는 남편 마라마가 만든 법이에요. 그는 빛의 신인 타네의 호수에서 매 달 원기를 회복하는 목욕을 해요. 저 또한 젊음을 영원히 유지하는 물을 몸에 뿌렸지요."

"그렇군요. 당신이 그렇게 해야 한다고 말하니 난 당신을 떠나야만 하는군요, 이나. 슬퍼하지 말아요. 나 또한 당신의 행복한 삶을 슬프게 하지 않을 겁니다. 지상으로 돌아가야만 한다니 잘 되었군요. 내가 당신을 위해 해야 할 일들은 이제 다 끝났어요. 당신은 영원히 어여쁠 것이고 별과 함께 하는 삶을 살 것이요. 반면 나는 늙고 노쇠하였어요."

늙은 연인은 숙이고 있던 고개를 들었어요. 주름진 얼굴이었지만 사랑이 가득한 얼굴로 변해있었어요. 이나는 그녀가 기억하는 젊었을 적의 얼굴로 변한 연인의 얼굴을 다시 한 번 지그시 바라보았어요. 아름다운 이나는 아주 부드럽게 숨을 내쉬었어요.

"잘 가요, 안녕!"

이나는 탕아로아 신에게 무지개를 준비하게 하여 지상으로 그 띠를 내리도록 명령했어요. 그녀는 연인이 무지개를 타고 지상으로 내려가는 모습을 조용히 지켜보며 눈물 흘렸어요. 그날 밤 지상의 인간들은 화려한 색깔로 하늘에 펼쳐진 무지개를 바라보며 의아해했어요. 이나의 눈물을 통해 밝게 빛나고 있는 것은 모른 채.

이나의 연인이 하얀 머리칼에 나이 든 모습으로 돌아오자 섬사람들은 깜짝 놀랐어요. 그는 사람들에게 저 멀리 푸르스름한 빛을 띠고 있는 달에서 행복한 삶을 살고 있는 이나와 그의 남편인 달의 신 마라마에 대한 이야기를 전했어요. 그 이후 사람들은 지금까지도 달빛이 빛나는 밤을 '이나모테아'Inamotea 혹은 '이나의 광채'라고 부른답니다. 사람들은 때때로 달의 여신 이나가 자신이 가져온 야자수 아래에 앉아 조롱박을 옆에 두고선, 지상에서 사랑한 이들을 생각하는 모습을 목격하기도 하였어요. 이나는 마라마의 사랑스럽고 훌륭한 아내였어요. 그녀가 열심히 일한 탓에 낙엽 무더기는 날로 늘어갔는데, 사람들은 그것을 달에 박힌 반점이라 부르고 있답니다.

시나와 장어의 신 투나, 코코넛 나무의 기원에 대한 이야기

    이른 아침이었어요. 떠오르는 태양의 금빛 광선들이 세상을 가득 채웠어요. 시나Sina라는 이름을 가진 소녀가 작은 오두막집에서 나와 나무덤불에서 바다로 이어지는 계곡에 있는 가장 좋아하는 연못으로 아침 목욕을 하러 갔어요. 바람은 불지 않았고, 초록색 종려나무들도 움직이지 않았어요. 보석 같이 예쁜 새들은 높은 나무 너머로 빠르게 자라난 멋진 덩굴식물들에 핀 꽃 위로 이리저리 가볍게 날아다녔고, 길고 평평한 개울가의 노란 모래알들은 햇살을 받아 따뜻했어요. 시나는 좁은 길을 따라 가볍게 걸었어요. 그 길은 가파른 바위 아래로 물줄기가 떨어

진 뒤 그늘진 도랑 안 크고 깊은 연못으로 이어지는 길이었어요. 그녀
가 가장 좋아하는 이 연못의 물은 정말 시원해 보였어요. 연못은 수많
은 꽃나무들과 종려나무들 사이에 숨어 있었어요. 연못의 가장자리에는
작은 이끼와 가녀린 고사리들이 돌과 나뭇가지를 덮고 있었어요. 시나
는 곧 물속으로 들어갔고, 마치 물고기처럼 편안함을 느꼈어요. 이 맑고
깊은 연못 속에서 수영하며 바로 곁에서 폭포의 노랫소리를 듣는 것이
얼마나 즐거웠는지! 시나는 이끼 둑 위에서 물속으로 수차례 뛰어들어
나무 고사리들 사이 햇살이 쏟아지는 곳으로 헤엄쳐 갔어요. 구릿빛 피
부와 검은 머리를 가진 그녀의 부드러운 입술은 그녀의 목에 드리운 목
걸이의 화사한 열매들처럼 붉은 색을 띠었고, 여름날 아침의 새와 꽃처
럼 생기 있고 아름다워 보였어요. 반짝이는 물방울들을 떨어트리며 물
속에서 흔들리는 자신의 그림자를 볼 때면 그녀는 자신의 젊고 아름다
운 모습에 저절로 미소를 지었어요.

'한 번 더 뛰어내려야지!'

시나는 생각했어요. 해가 지기 전에 마지막으로 한 번 더 수영을
할 참이었지요. 그런데 아! 그녀가 물가로 떠오를 때 그녀의 팔다리를
감싸는 끈적끈적하고 차가운 어떤 느낌이 전해졌어요. 무언가가 물속에
서 그녀 가까이로 다가왔어요. 그 움직임이 마치 몸을 부드럽게 애무하
는 것처럼 느껴졌기에 시나는 위협을 느끼지 않았어요. 연못 안을 내려
다 본 시나는 커다란 장어 한 마리가 그녀 곁에 있는 것을 발견했어요.
잠시 동안 그것은 시나를 망설이듯이 응시했고 천천히 미끄러져 나가서
두 개의 큰 바위 사이로 사라졌어요. 시나는 지금까지 장어를 한 번도
본 적이 없어서 무척 놀랐고, 장어와 친해질 수 있을지도 알 수 없었어

요. 그 후 그녀는 자주 바위 사이로 그녀를 바라보는 그 장어의 검은 눈을 보게 되었고, 가끔 장어가 다시금 그녀의 팔다리 근처로 지나갈 때마다 부드러운 접촉을 느꼈어요. 시간이 지나면서 그녀는 이 낯선 물고기에 대해서 전혀 두려움을 느끼지 않게 되었고 오히려 장어가 가까이 있는 것을 좋아하게 되었어요.

어느 저녁이었어요. 햇빛이 거의 사라지고 새롭게 솟아오른 달이 재빨리 드리우는 밤의 그림자들 사이로 은은하게 비쳤어요. 시나는 여느 때처럼 수영을 즐기다가 폭포 물보라가 마치 은빛 베일처럼 떨어지는 연못 위 바위에서 쉬고 있었어요. 물소리가 얼마나 음악적이었는지! 그 시원한 물방울들이 쏟아져 얼마나 기분 좋았는지! 시나는 이렇게 생각하면서 조금 더 머물기로 했어요. 그녀가 꿈꾸는 듯이 앞을 바라보았을 때였어요. 그녀의 친구 장어가 천천히 수면위로 떠올라 머리를 들어 올렸어요. 그러고는 시나에게 낮고 감미로운 목소리로 이야기하기 시작했어요. 그녀는 이미 이 장어가 특별하다는 것을 알고 있었기에 그가 말을 걸었을 때도 그렇게 놀라진 않았어요.

"시나, 나를 두려워할 필요 없어요. 난 투나Tuna,[47] 민물 장어의 신이에요."

시나는 장어의 이 말에 매혹되어 폭포 아래를 가만히 응시했어요.

시나의 눈앞에는 더 이상 장어가 아닌 키 크고 늘씬하며 멋진 용모의 잘생긴 청년이 서 있었어요. 이전에 보았던 장어의 검은 눈보다 더

---

[47] 이 이야기는 폴리네시아인들에 의하여 다른 섬에서 전해져 온 이야기이지만, 장어신에 대한 믿음, 장어를 신성시하는 태도는 마오리 문화에서도 존재한 것으로 보인다.

크고 아름다운 눈이 그녀를 계속 바라봤어요.

"난 당신을 사랑해요, 시나. 내 어두운 바위 아래 집에서 자주 당신을 지켜봤어요. 당신은 너무나 아름다워요. 당신의 사랑을 구하러 왔어요. 내 사랑이 되어주겠어요?"

투나는 달콤한 말들로 눈앞의 아름다운 소녀에게 사랑을 고백했어요. 많은 날들 동안 그는 인간의 모습으로 그녀와 만나 함께 깊은 산 속을 돌아다니기도 하고, 시원한 개울에서 수영하기도 하고, 종려나무 아래에서 달콤한 사랑의 날개가 달린 이야기를 속삭이기도 했어요. 투나가 시나에게 작별인사를 하고 나면 그는 항상 다시 장어의 모습으로 돌아갔고, 시나가 마음이 즐거워서 그녀의 바닷가 작은 집으로 돌아가며 달콤한 노래로 목소리를 높일 때 투나는 연못 아래 자신의 집으로 향했어요. 그렇게 이 두 연인들에게 마냥 행복했던 여름날들이 지나갔어요. 마침내 폭우의 계절이 시작되었고 개울의 물들이 도랑 아래로 빠르게 내려가며 세차게 소용돌이쳤어요. 연못은 더 이상 매력적이지 않았고 뿌옇게 변해버렸어요. 떨어진 잎들과 부러진 나뭇가지들은 세찬 물살에 아래로 휩쓸려 내려갔다가 다시 물위로 떠올랐어요. 땅과 하늘이 모두 침울해 보이고 따스했던 바람조차 거칠어진 어느 날, 시나는 숲에서 다시 투나를 만났고 그에게 팔을 활짝 벌려 달려갔어요. 그런데 이상했어요. 투나는 시나를 그녀가 기대했던 행복한 말들로 반겨주지 않았고 너무나 슬퍼 보였어요. 시나는 그에게 어떤 불운이 떨어진 것인지 자신에게 말해달라고 간청했어요.

"아아! 시나, 내 가슴은 온통 비참함으로 가득해요. 당신의 달콤한 얼굴을 보는 것조차 날 기쁘게 하지 못하네요. 당신에게 슬픈 말 밖에는 해줄 것이 없어요. 나는 더 이상 당신이 주는 사랑의 위안을 받을 수 없을 거예요. 커다란 위험이 당신을 위협하고 있어요. 나만이 이 위협으로부터 당신을 구할 수 있어요. 하지만 당신을 구하기 위해 우리는 헤어져야만 해요."

투나는 이렇게 말했고 밤의 구름들 아래 거친 물결이 어두워지는 바로 그 순간 그의 얼굴도 고통의 그림자로 어두워졌어요. 그는 다시 낮고 슬픈 목소리로 한숨 쉬듯 말했어요.

"우리는 헤어져야만 해요."

"헤어지다니요! 아, 날 떠나지 마세요, 투나. 당신이 가는 곳으로 날 데려가세요."

시나는 이렇게 애원하며 그녀의 연인에게 안겨 꼭 매달렸어요.

하지만 투나는 서로 헤어져야만 하는 고통이 너무 커서 그녀가 애원하는 말이 거의 들리지 않았어요.

"당신을 데려갈 수는 없어요, 시나. 신들은 달콤한 당신을 나에게 허락하지 않았어요. 나는 당신을 떠나야 하지만, 당신에게 내 사랑의 징표로 큰 선물을 주려 해요. 봐요! 나무 가지들이 바람에 흔들리고 있어요. 하늘도 어두워지고요. 머지않아 엄청난 태풍이 당신의 집을 휘감을 것이고, 물은 엄청난 속도로 불어나 빠르게 돌진하여 모든 것을 부숴버릴 거예요. 하지만 날 믿어요, 시나. 내가 당신에게 간청하는 대로 해요. 그러면 나의 사랑이 당신을 구할 거예요."

종려나무들에 몰아치는 바람의 신음소리와 하늘을 빙빙 돌고 있는 바닷새들의 날카로운 울음이 고통으로 거칠어진 그의 목소리와 한데 섞여 울려 퍼지는 동안, 투나는 그녀를 꼭 안으면서 그렇게 말했어요. 시나는 아무 말도 하지 못했어요. 그녀가 떨고 있는 모습만이 그녀의 영혼을 가득 채운 슬픔을 말해 줄 뿐이었어요. 너무나 고통스러워 그녀는 흐느끼지도 못했어요.

"두려워하지 말아요, 시나. 이른 새벽, 광풍이 바닷가로 몰아치고 불어난 개울물이 언덕을 넘어 돌진할 때, 당신의 집 주변으로 물이 차오르게 될 거예요. 홍수가 당신의 집 문턱에 이르렀을 때 나는 장어 신의 모습으로 당신 앞에 나타날 것입니다. 내가 당신의 집 문턱 아래 낮게 머리를 눕힐 테니, 그때 당신은 도끼로 내 목을 쳐야 해요."

"난 할 수 없어요, 내 사랑. 난 못해요. 내게 그런 걸 청하지 마세요. 당신의 목숨을 빼앗느니 홍수로 죽겠어요."

"안 돼요, 시나, 할 수 없다고 하지 말아요. 내가 당신에게 바치는 것은 내 사랑이에요. 안 된다고 해서는 안돼요. 위대한 신들은 당신의 도끼로 내 머리가 떨어져 나가기를 바라고 있지요. 영원할 수 없는 내 삶을 그렇게 당신을 위해서 끝내는 것이 내겐 달콤한 일이 될 거예요. 그렇게 하면 물은 잠잠해질 테고 당신은 무사할 거예요. 시나, 폭풍이 지나간 후에 꼭 내 머리를 가져가서 땅에 묻어주세요. 그리고 그 곳을 매일 찾아오다 보면 어느 날 당신을 향한 넘치는 사랑의 표시로 내가 어떤 선물을 남겼는지 알게 될 거예요."

그렇게 말한 후 투나는 시나에게 부드럽게 작별인사를 하고, 그녀의 매달리는 팔을 풀고 그녀 시야에서 사라졌어요.

시나는 완전히 당황하여 넋이 나간 모습으로 집으로 돌아갔어요. 그날 밤 그녀는 잠에 들 수 없었어요. 그녀는 폭풍의 포효와 파도의 성난 부딪힘에 귀를 기울였고 그녀의 연인이 남긴 말들과 이상한 부탁에 대해서 생각했어요. 아침에 시나는 홍수가 정말 엄청나게 밀려드는 것을 보았어요. 오두막 주위의 밭을 덮치며 거친 물줄기가 위로부터 돌진해오고 있었어요. 빠르게 불어나는 물속에서 그녀를 향해 다가오는 장어를 보았을 때 시나는 그가 해준 말을 기억했어요. 장어는 바로 나무로 된 문턱 앞까지 휩쓸려 왔고, 거기에서 시나 앞으로 머리를 누이고 그녀를 간청하듯이 바라보았어요. 시나는 고민 끝에 도끼를 잡고서 몸을 떨면서 그것을 들어 올렸지만 차마 내리치지 못하고 계속 망설였어요. 어떻게 그녀가 그녀의 사랑하는 사람의 목을 칠 수 있겠어요? 하지만 그때, 도끼를 내리쳐야 한다는 투나의 목소리가 들리는 것 같았어요. 홍수의 포효 소리에 휩싸인 장어의 간절한 눈빛을 보며 그녀는 그와의 위대한 사랑을 위해 그의 말을 따라야 한다고 생각했어요. 시나는 빠르게 도끼를 들어 올려 단번에 장어의 머리를 잘랐어요. 그녀가 이렇게 하자마자 홍수는 가라앉기 시작했고 그 많던 물은 모두 장어 신 투나의 집이었던 바위들 사이의 구멍 속으로 사라졌어요. 그때 그녀는 그녀의 연인이 정말로 그녀를 구했다는 것을 느꼈어요. 그녀는 슬픈 마음으로 장어의 머리를 가지고 바닷가 근처에 묻었어요. 그리고 그녀는 매일 그 곳을 찾아가서 그녀의 생명을 위해서 자신의 목숨을 바친 투나를 생각하면서 울었어요. 그러던 어느 날이었어요. 그 곳에서 두 개의 작은 싹이 모래를 뚫고 올라오는 것을 보고 그녀는 깜짝 놀랐어요. 싹들이 더 크게 자라자 그녀는 그것들이 여태까지 본 다른 어린 식물의 싹들과는 매우 다르다는 것을 알았어요. 그녀는 빠르게 자라나는 이 식물을 지켜보며 무척 놀라워했어요. 두 싹은 각각 꼭대기에 다른 어떤 것과도 다른 질감과 모양을 가진 크고 아름다운 잎들이 있는 두 그루의 크고 건장한 야자나무로 자랐어요. 몇 주가 지난 후에도 시나는 여전히 매일 거르지 않고 나무들을 보러갔어요. 그녀는 그 야자나무에서 달콤한 꽃이 나오는 것을 보았고, 그 후 특이한 과실이 생겨나는 것도 보았어요. 그렇게 두 종류의 코코넛 나무[48]가 이 아름다운 태평양 섬들의 사람들에게 처음으로 알려졌죠. 이 나무들은 섬사람들이 섬기는 두 명의 신, 탕아로아와 롱고Rongo에게 신성하게 여겨졌어요.

열매가 맺혔을 때 시나는 정말로 그 나무들이 투나의 머리에서 자라 난 것임을 알 수 있었어요. 각각의 열매에 그녀의 연인의 검은 눈과 입이 표시되어 있었기 때문이에요. 그녀는 이제 그가 남긴 소중한 선물의 가치를 알았어요. 코코넛 나무는 그것이 자라나는 모든 땅에 축복이 아니던가요? 사람들은 시나의 연인에게 고마워했고 그 하얀 알맹이를 '투나의 뇌'라고 불렀어요.

많은 청년들이 아름다운 시나에게 구애했으나, 그녀는 그녀의 생명을 위해 자신의 목숨을 내어 준 그녀의 어린 연인의 마음을 떠나지 않았어요. 그녀는 날마다 그의 무덤에서 자라난 코코넛 나무들 아래에 앉아 그들이 함께했던 행복한 시간들을 떠올렸어요. 그녀는 그의 사랑이 여전히 그녀를 감싸고 있음을 알았어요. 흔들리는 잎들이 그녀를 뜨거운 태양으로부터 감싸주었고, 수염뿌리로는 일상생활을 위한 바구니와 거적을 만들 수 있었으며, 달콤한 과일은 그녀에게 음료와 음식을

---

[48] 이 이야기는 폴리네시아에서 전해져 온 이야기이기 때문에 장어신 투나가 코코넛을 선물로 주는 내용이 등장하는 것으로 보인다. 뉴질랜드에는 상대적으로 덜 따뜻한 기후의 영향으로 코코넛이 나지 않는다고 한다.

나누어 주었기 때문이에요. 이제 섬의 어부들은 밤에 바다로 나갈 때 밀려오는 큰 파도를 두려워하지 않아도 돼요. 제사장에게 축복받은, 카누 뱃머리에 자리한 코코넛 잎의 신이 그를 그 깊은 곳의 모든 위험으로부터 지켜줄 테니까요.

그렇게 긴 세월이 지나도록 시나는 결코 투나를 잊지 않았고, 그녀가 부드러운 손가락으로 코코넛 열매의 껍질을 벗길 때면 그의 검은 눈이 항상 그녀를 응시했어요.

마타리키,
또는 작은 눈들(플레이아데스 성단)

옛날 옛적에 짙푸른 열대지방의 밤하늘에서 빛나던 크고 아름다운 별 하나가 있었어요. 이 별이 너무 아름다운 나머지 다른 모든 별들은 이 별 앞에서 빛을 잃었고, 심지어 달조차 이 별빛 때문에 자신의 빛이 약해 보일지 몰라 이 별로부터 멀리 떨어져 있었어요. 강력한 빛의 신이자 모든 숲의 왕인 타네 역시 이 별을 시샘해서 이렇게 말했어요.

"저 별의 사랑스러움만 없다면, 사람들의 눈이 내 숲의 위풍당당한 나무들의 빛에 머물러 있을 텐데. 하지만 저 별빛만이 모든 사람들의 시선을 하늘로 향하게 만들고, 사람들은 가까이 있는 아름다움이 아니라 멀리 있는 것만을 갈망하는구나."

그래서 타네는 저 멋있는 별을 없애버리기로 마음을 먹었고, 알데바란Aldebaran[49]과 시리우스Sirius[50]에게 도움을 청했어요. 언덕으로 둘러싸여 있는 작은 호수가 있었는데 고요한 밤이면 그 호수에 별빛이 반사되어 호수의 가장 깊은 곳을 더욱 아름답게 만들었어요. 그리고 부드러운 바람이 호수의 춤추는 잔물결 위에서 밝은 별빛을 여러 번 수 백 개의 잔물결로 이루어진 미소로 흩뜨렸어요. 호수는 타네와 그의 일행들이 한 이야기를 듣고 별에게 닥친 위험을 알려주기로 마음먹었어요.

"우리가 어떻게 해야 할까?"

부드러운 동풍이 호수의 걱정스러운 얼굴에 와 닿았을 때 밝은 빛의 호수 물이 이렇게 묻자 동풍이 대답했어요.

"사실 나도 모르겠어. 내 목소리가 저 별에 닿을 수는 없어. 하지만 내가 기꺼이 별에게 위험하다는 말을 속삭여 줄 수는 있을 것 같아. 하늘의 신인 랑이에게 물어봐야겠어. 별들은 그가 밤에 입는 옷에 달린 보석이니까, 랑이는 자기가 가진 가장 아름다운 보석을 도와줄 수 있을 거야."

다음날 아침 하늘이 온통 빛을 내뿜고 있을 때, 작은 호수가 랑이에게 도움을 청했어요. 랑이는 그 이야기를 듣고 매우 화를 냈어요. 그

---

49 알데바란은 황도 별자리와 밤하늘에서 가장 밝은 별이다. 알데바란이라는 이름은 추격자 (the Follower)라는 뜻인데, 알데바란이 플레이아데스 성단의 바로 뒤편 가까이에서 뜨기 때문에 이러한 이름이 붙은 것으로 여겨진다.
50 시리우스는 항성 중에서 가장 밝은 별로 천랑성(天狼星)이라고도 불리며 마오리 문화에서 중요한 겨울 별들 중 하나이다.

리고 자신의 친구를 도우려고 하는 고마운 작은 호수를 기꺼이 돕겠다고 약속을 했어요. 그리고선 랑이가 호수에게 이렇게 말했어요.

"내 강한 빛이 그대를 비추리라. 그러면 그대가 사랑하는 아름다운 별에 그대가 이를 때까지 그대의 물이 구름의 연무 속에서 하늘로 솟아오를 것이다. 그러면 그 별에게 위험에 대해 이야기할 수 있을 것이다."

이렇게 해서 랑이가 자신의 눈인 태양을 크게 떴을 때, 강한 아침의 햇볕이 호수에 떨어졌고, 부드러운 구름 속으로 물이 솟아올라 산등성이를 타고 하늘로 올라갔어요. 그렇게 물은 자신이 머물던 밝은 세상을 떠났지요. 물이 더 높이 올라가면 갈수록, 햇볕이 너무 뜨거워서 호수는 울상을 지었어요. 하지만 동풍이 부드러운 숨결로 호수를 다정하게 식혀주며 아름다운 별 근처로 데려다 주었어요. 그러자 호수는 별에게 닥칠 위험을 알려주었지요. 그리고 구름은 차가운 빗방울이 되어 땅으로 돌아왔어요.

이렇게 해서 어느 날 밤 전지전능한 타네 신이 그의 추종자인 알데바란과 시리우스와 함께 별을 쫓아왔을 때, 그 아름다운 별은 이미 그들을 맞설 준비가 되어있었어요. 별은 자신을 공격하는 자들보다 먼저 앞으로 날아가 마침내 호수 물속에 있는 피난처에 도달했어요. 그런데 그 호수는 그 별로 인해 강하게 빛을 발하고 있었지요.

"나를 구해줘, 나를, 호수야!"

별은 이렇게 외치며, 차갑고 맑은 물속으로 뛰어들었어요.

하지만 시리우스는 별이 호수에 있는 것을 보고 호수의 물을 모두 빼버렸어요. 그러자 다시 그 불쌍한 별은 성난 추격자들 앞에 모습을 드러내게 되었어요.

"만약 내가 빛의 신인 타네가 주로 다니는 길인 동쪽에 닿을 수만 있다면, 나는 타네의 빛 속에 안심하고 숨을 수 있을 텐데."

동이 터오는 시간에 별은 이렇게 생각했어요.

그래서 별은 지쳤지만, 계속해서 속도를 내어 동쪽으로 달려갔어요. 타네는 달아나는 별을 보고선 자신이 그 별을 잡을 수 없다는 것에 화가 나서 알데바란을 붙잡아 별을 향해 내던졌어요. 별은 알데바란과 부딪혀 여섯 조각으로 쪼개졌어요. 이렇게 해서 타네의 분노는 진정되었고 타네는 별 조각들을 하찮게 여겨 하늘 높은 곳으로 던져버렸어요. 많은 시간이 흘러 지금까지도 사람들은 그 자리에서 여섯 개의 별 조각들을 보고 이들을 마타리키 또는 '작은 눈들'이라고 부른답니다.

랑이는 자신의 밤하늘에서 가장 아름다운 보석이 어떻게 떨어졌는지를 듣고 몹시 화를 냈어요. 그래서 그는 그 작은 별들을 기리기로 마음먹었어요. 그는 이 별들이 그보다 더 작은 모든 별들보다 더 명예롭고 이들의 반짝이는 빛이 바라보기에 더 훌륭하도록 만들어 주었어요.

그래서 해질 무렵 그 '작은 눈들'이 수평선 위에 있을 때, 아름다운 태평양 섬들의 황금빛 모래 위 야자나무가 흔들리는 곳에서 사람들은 이렇게 말한답니다. "새해가 왔구나. 저 '작은 눈들'이 빛나는 모습을 보라. 잔치를 열고 기쁨을 나눌 때로다!"

파타카Pataka

단단한 받침목 위에 놓여 있어 지상으로부터
떠있는 형태의 저장고이다. 이 저장고는 습기
로부터 음식을 보호하고 부족의 귀중한 보물들
을 보관하는 용도로 쓰였다.

항이Hangi

마오리 전통 요리법. 불에 달군 돌이 증기를 내뿜어 음식을
조리하는 형태이다.

마라이Marae

마오리 부족의 다양한 의식과 회의가 이루어지는 신성한 집회장소이다.

로토루아 호수와 모코이아 섬 ^{Lake Rotorua & Mokoia Island}
히네모아 전설의 배경이자 전 세계적으로 유명한 뉴질랜드의 관광지이다.

와카이로 ^{Whakairo}

마오리의 전통 조각술은 부족의 역사에 대한 스토리텔링의 성격을 잘 보여준다. 문자를 사용하지 않는 마오리 사람들은 부족을 상징하는 문양과 그들의 역사를 집회장소인 마라이의 마룻대와 벽에 그림으로 새겨 기록하였다. 철기가 아닌 돌, 동물의 뼈, 조개껍데기를 도구로 사용하였으며 부족마다 다양한 조각술을 보유하고 있다.

코로와이^{Korowai}

코로와이^{Korowai}

마오리 사람들이 몸에 걸치는 망토로써 야생 식물과 동물 가죽과 깃털을 엮어 만들었다. 망토는 비와 추위로부터 몸을 보호해줄 뿐만 아니라 망토를 걸친 사람의 사회적 지위를 드러냈는데, 사용된 재료가 희귀하고 정교하게 만들어진 것일수록 더 높은 신분을 상징하였다.

코루^{Koru}

코루는 뉴질랜드를 대표하는 식물인 고사리의 어린 잎사귀를 지칭하는 마오리 어이다. 나선형의 잎사귀 문양은 마오리 부족의 공예와 문신술에서 가장 기본적으로 사용되는 패턴으로 새로운 시작, 성장, 부활을 의미한다. 코루는 국적기인 에어 뉴질랜드의 로고이기도 하다.

하카^{Haka}

마오리 사람들이 전쟁에서 자신들의 강인함을 보여주기 위하여 추는 전통 춤이다.

와레^{Whare}

와레^{Whare}

마오리 사람들의 가옥이다. 마오리 사
람들은 나무 골조 위에 갈대 잎을 엮어
막사 형태를 만들거나, 숲에서 무성하
게 자라는 나무를 베어 오두막을 만들
었다. 낮은 천장 때문에 몸을 구부려야
내부로 입장이 가능하며, 그 안에서 모
닥불을 펴 온기를 유지하고 습기 때문
에 모여든 벌레들을 내쫓았다.

파투 포우나무^{Patu Pounamu}

파투 포우나무는 전투 시에 마오리 부족 전사들이 손에 쥐고 사
용하던 무기의 명칭으로 포우나무는 녹암을 뜻한다. 이 무기는
관자놀이나 늑골을 기습적으로 찔러 적을 무기력화 시키는 데
사용되었으며 부족의 가보로 보존되었다.

모코^{Moko}

마오리 부족 고유의 독특한 문신술이다. 약 5mm 지름의 새의 뼈를 도구로 사용하여 피부를 찢은 후, 송진 성분
이 있는 나무를 태워 얻은 그을음을 염료로 사용하여 이 염료를 상처가 난 피부에 입히는 방식으로 시술하였다.
여자들은 주로 조그만 문양을 턱과 입술 혹은 이마에 새기는 반면, 남자 전사들은 얼굴, 엉덩이, 넓적다리 등에
문신을 새겼다.

최영진   중앙대학교 인문대학 영어영문학과 부교수. 뉴욕주립대학교 스토니브룩에서 영화이론으로 박사학위를 취득했다. 대표 논문으로 「뉴아메리칸 씨네마의 음악에 나타난 새로운 양상들」, 「말하기와 글쓰기의 경계 넘어서기」, 「부유하는 기표로서의 영웅: 다시 보는 배트맨 3부작」 등이 있다. 현재 미국영화론, 특히 작가주의와 뉴아메리칸 씨네마에 대한 연구를 진행 중이며, 디지털 스토리텔링 교육 방법론에 대한 연구도 진행 중이다.

김종경   중앙대학교 영어영문학과를 졸업하고 동대학원에서 「워즈워스의 도시공간 시적 재현 연구: 『서곡』 제7권 「런던 체류」를 중심으로」로 석사학위를 받고 박사과정을 수료했다. 문학과 시각 문화의 공간, 그리고 그 안에서 형성되는 주체성에 관심을 가지고 공부하고 있다. 현재 BK사업단 프로젝트에 참여하고 있으며, 중앙대학교 창의ICT공과대학 융합교양학부에서 〈스토리텔링 콘텐츠 제작 실습〉을 담당하고 있다.

정은지   중앙대학교 영어영문학과를 졸업하고 외국계 미디어컨텐츠 배급사와 국제공인영어시험의 평가기관에서 근무하였다. 과거 영미 대중음악의 흐름과 사회문화의 관계에 대한 관심을 바탕으로 동대학원 석사과정에 연구조교로 재학 중이며, BK사업단 프로젝트에 참여하고 있다.

이형민   중앙대학교 영어영문학과를 인문대 수석으로 졸업하고, 동대학원 석사과정에 GRS (Graduate Research Scholarship) 장학생으로 재학 중이다. 문학에 나타난 고독과 소외, 자아 정체성의 문제에 관심이 많다. 학부 재학 중 런던대학교에서 방문학생으로 공부하였으며, BK사업단 프로젝트에 참여하고 있다.

숨의 문화, 숨의 이야기
뉴질랜드 마오리 신화와 민담

초판 1쇄 발행일 2015년 8월 31일

원저   Maori Tales And Legends
원저 편역 Kate McCosh Clark
옮긴이   최영진, 김종경, 정은지, 이형민

발행인   이성모
발행처   도서출판 동인
주 소   서울시 종로구 혜화로3길 5 118호
등 록   제1-1599호
TEL   (02) 765-7145 / FAX (02) 765-7165
E-mail   dongin60@chol.com
I S B N   978-89-5506-674-6 93090
정 가   10,000원